MI QUEJA

marronyazul

MI QUEJA

SAMUEL DE ROA

marronyazul

Título original: *Mi queja*
© 2024 Samuel de Roa
Maquetación: Marronyazul®
Primera edición: marzo 2024
ISBN: 978-84-124235-5-6
Depósito Legal: M-9763-2024

MARRONYAZUL®
www.marronyazul.com
equipomarronyazul@gmail.com

Las citas del Libro utilizadas han sido las siguientes (en ocasiones parafraseadas):

Reina Valera 1960 **(RV1960)** © 1960 por Sociedades Bíblicas de América Latina, © renovado 1988 por Sociedades Bíblicas Unidas; usada con permiso | Biblia Reina Valera Textual 3ª Ed. **(BTX)** © 1999 Sociedad Bíblica Iberoamericana, Inc.

ÍNDICE

Al ángel que el Señor siempre envía para advertir.

A Abraham, Gabriel y Miriam.

A todos los que lloran.

En el ocaso del otoño de un año muy caluroso, en un día como cualquier otro, encontré dentro del buzón una nota manuscrita que decía así:

Querido Alberto,

Mañana a partir de las 18:00 h. estaré en el restaurante de la plaza del pueblo, aquel que tiene nombre de hidalgo.

Me reconocerás en cuanto llegues.

Se narra aquí este encuentro y ciertas cosas que sucedieron después.

NUBES

Trabajo por las noches y duermo por las mañanas, así que me despierto casi a la hora de almorzar y me acuesto a la de madrugar. Siguiendo mi costumbre, me levanté pasado el mediodía y, aunque normalmente me cuesta cierto tiempo despertarme del todo, aquel día me sentí tan pletórico de energía que salté del catre como una escopetilla recién engrasada dispara su pequeño perdigón. Cuando alcé la persiana pude comprobar que una gruesa cortina de agua bañaba el horizonte hasta donde alcanzaba la vista, oscuros nubarrones que vaticinaban un órdago a mi cita vespertina y cuya única misión parecía limitarse a asfixiar mi buen ánimo.

Había estado nervioso desde varios días antes, a merced de un cosquilleo interior que me impulsaba a acudir «lo más actualizado posible». Sin entender muy bien las cosquillas, en mi afán de sortear la reunión del mejor talante me hice deudor de la absurda idea de que un atracón informativo me ayudaría a mitigar el hormigueo. La noche anterior rendí honor a esta convicción y no hice otra cosa que ojear con avidez las noticias en todos los medios por los que suelo navegar. No hubo demasiadas novedades en el frente, siendo lo más reseñable que las calles de España ardían y sus comercios eran saqueados por «movilizaciones juveniles» a favor de un delincuente encarcelado que además era «poeta y músico».

Me duché, estiré las sábanas, ventilé la habitación y después consulté el correo electrónico y la bolsa de valores. Tras el almuerzo, me apoltroné para ver el final de *La ruleta de la fortuna* y zapeé por los telediarios nacionales para acabar poniendo una peli de los años ochenta. Quince minutos antes de la hora señalada, me dispuse a salir por la puerta.

—Me voy a dar una vuelta y ver a un amigo con el que he quedado. Tardaré un par de horas. Si me retraso te pongo un *wassap*, ¿vale mamá?

—Bueno. Muy bien, hijo —escuché mientras cerraba la puerta y bajaba las escaleras—; ¡pero abrígate bien y llévate el paraguas, que está lloviendo!

—¡Vale, vale! ¡Adiós!

EL MESÓN

En la barra había una pareja de lugareños ya entrados en años que se hacía acompañar de una copa de vino y una mirada tan perdida como la del caballero que les atendía. Nada más entrar saludé y me aventuré a cubrir la ruta que conducía desde la puerta al rincón mientras oteaba a mi anfitrión, que mantenía la mirada fija en sus manos entrelazadas quietamente sobre la mesa. Tal y como anunciaba la misiva, lo reconocí de inmediato. Se había sentado en un rincón acogedor del local al lado de los ventanales, en la misma mesa solitaria y recogida que yo hubiera escogido. La escasa afluencia de público facilitó la identificación, aunque a mí me pareció que no había que poseer una sagacidad portentosa para deducir que el individuo del rincón era el autor de la extraña nota. Creo que lo habría identificado igual con la taberna abarrotada y con la misma seguridad con que podía aseverar que el sol no había brillado en toda la tarde.

En el camino hacia el mesón, un motín desapacible había hecho presa de mí como el vino añejo almizcla su propio odre. Se había hecho acompañar de violentas palpitaciones que me habían trastornado el paso y hasta el equilibrio, al punto que tuve que detenerme y ponerme en cuclillas un par de veces para inspirar profundamente. Ahora, tan cerca de mi objetivo, las taquicardias del camino se asemejaban a un simple ensayo en comparación con este desbocado estado emocional que quería cobrarme impuestos atrasados de un certero golpetazo. Si bien las rodillas temblaban y todo mi ser exigía un receso, me esforcé por concluir el trayecto sorteando las últimas mesas. Convengo en que suelo atribuir estos malos ratos a mi cultura mediterránea y a los genes de mi parentela, pero lo cierto es que esta vez no podía acusarlo a otros porque acudía a mí con su sello inconfundible. Además, algo me decía por dentro que no habría podido huir de este entuerto aunque la misiva se hubiera extraviado y nunca la hubiera leído.

Resumiría aquel momento como el de un marinero inexperto a merced de dos fuerzas formidables, inmensa cada una a su manera. Desde babor azotaba un mar de dudas y desde estribor serpenteaba un riachuelo de confianza; y mientras el mar me humillaba con sus olas cuestionando qué hacía allí y hasta quién era yo, el río me sustentaba con su cadencia y quietud animándome a seguir ceñido a barlovento. Esta lucha entre ambas potencias me atolondraba, como si tanta agua levantara una bruma difusa que perteneciera a otra masa de agua, bien distinta y lejana. Exhausto e incapaz de salir a flote, hundido entre dos mundos y sin opciones de supervivencia, la incógnita de la ecuación parecía querer despejarse ella sola, pues, a pesar de estas emociones, todo se resumía en darme media vuelta o seguir adelante. Sin más apuestas sobre la mesa y como si la elección se meciera del extremo de un hilo invisible engarzado al puro descarte, ganó la última opción.

De algún modo mis torpes zancadas se alargaron lo suficiente para cruzar la ansiada meta, que conquisté no sin poco alivio.

Cuando alcancé mi destino, mi reacción fue tan circunspecta como agitado estaba mi estado de ánimo y solo acerté a quedarme allí parado, en silencio. Habrías encontrado más diálogo en un trozo de hierro oxidado en el fondo del mar que en este grumete. Como un trozo de carne en exceso bautizada, con el alma demasiado entumecida para desenvolverse con agilidad y demasiado mojada para siquiera pensar, creo que logré musitar una especie de «hola» que hasta a mí me sonó más a reproche que a cortesía social.

LA PRIMERA RONDA

Iba ataviado con un simple chándal de deporte azul y blanco que no se antojaba de marca pero que a mí me parecía que le sentaba muy bien, como si la marca fuera él y el chándal no tuviera más propósito que vestirle. Su piel era morena, oscura (parecida a la de un bereber que ha tomado mucho el sol), y las facciones que acertaba a perfilar en medio de mi sofoco concebían una mezcla curiosa, un cruce entre hombre caucásico y persa sin acertar del todo en el cruce, como si hubiera más gentes en sus venas.

No me dio tiempo a profundizar el somero análisis, pues al momento irguió la cabeza, se asentó sobre sus pies con un calmado entusiasmo… y las dos manos entrelazadas sobre la mesa acabaron sobre mi diestra tomándolas entre las suyas como quien socorre a un viajero que ha regresado de un larguísimo viaje por el desierto.

Y me sonrió sin sonreír.

Estrechándome entre sus manos encallecidas, casi de inmediato percibí una pequeña rugosidad a semejanza de cuero cuarteado que mi cerebro se negó a procesar, una sensación al tacto cuyo significado la memoria quería aparcar en las sombras y la luz de la razón no deseaba iluminar. Confieso que no ayudó a mejorar mi estado, y se equivoca quien pudiera pensar que el hecho debería haber producido el efecto contrario en alguien que se mecía entre dos océanos. Precisamente, al reparar en aquel detalle, mi sistema nervioso acabó por colapsar. Necesitaba urgentemente una silla o una camilla porque no me veía capaz de sostener el cuerpo.

—Siéntate. Voy a traer agua, café y unos bollitos. ¿Te apetece algo más? —dijo casi antes de desmayarme.

—No, no, no… gracias, gracias —balbuceé sentándome en la butaca acolchada.

A pesar de que el estómago no quisiera pensar en viandas, me apetecía exactamente eso. Sin embargo, el ofrecimiento no terminaba de atinar con el mecanismo de mi maquinaria. Aquella marea invisible seguía golpeando de tal forma el espigón del corazón, con tal ansias y trabajos, que me resultaba una odisea mantenerme siquiera sentado. El restaurante me daba vueltas. Seguía incapaz de encontrar el anclaje adecuado. Me veía sobrepasado por una fuerza que seguía fustigándome sin piedad a salir de allí y abandonar aquel puerto.

—Paz —escuché a modo de susurro en el oído, y también sentí una mano en el hombro y unos pasos que se alejaban hacia la barra del bar.

Al poco regresó llevando él mismo una bandeja con café, leche caliente, bollitos y una jarra de agua. Junto a la voz se había infiltrado un remedio que había entrado en mi convulso cuerpo y, como si hubiera una simbiosis portentosa entre las viandas y sus palabras, al poco de estar sorbiendo café y él servirse el suyo repuse el vigor.

Sentado frente a mí, al fin pude observar su rostro sin que las emociones me nublaran. No era un hombre especialmente atractivo, más bien del montón tirando a desgraciado, de complexión y estatura normales. Ojos profundos color miel oscuro; pómulos sanos; frente despejada; pelo azabache algo rizado, sin enmarañar; nariz generosa como la mía; barba ligera sin demasiados arreglos; cuello y hombros fuertes, no de los inflados en un gimnasio, sino de los tensados en duros jornales. Era un hombre joven de treinta y pocos años que no parecía tan joven ni tampoco tan viejo. Podía pasar por un inmigrante de paso hacia Francia. Un hombre rutinario.

[…]

Llovía aún en gotas tímidas y cansadas. Y mientras el aguacero se había contagiado de nuestro silencio menguando por momentos, un hombre llamado Alberto estaba ensimismado en una deliciosa taza de café con leche cuya esencia estaba revelándose como un ungüento para su alma. No recordaba haber probado antes un café tan rico y cremoso, eficaz en combatir al unísono el frío y el entumecimiento mental, y además sin empachar.

Con el alma reconfortada, brotó el anhelo de tropezarme con su mirada. Era yo quien había evitado el contacto visual desde el principio, aunque, entre sorbos de café, ahora le observaba de soslayo al albur de un premio que se demoraba. Seguía abstraído en sus propias manos, con las que seguía jugando en solitario casi con cierta curiosidad. Empezaba a verlo como el rayo de sol que se hace de rogar tras una tormenta veraniega y a mí como el afluente escaso de agua incapaz de añadirse al río principal.

—Claro que… tengo algunas preguntas —dije al fin mientras comprobaba que había recobrado el control de la lengua y ya no tartamudeaba—, pero no sé si quieres contestarlas.

Entonces alzó la cabeza y me miró.

ÉXODO

Las facciones que antes creía haber descifrado correctamente ahora me parecían contornos inútiles y vagos, el boceto incierto de un dibujante mediocre. En un abrir y cerrar de ojos aquellos rasgos habían cambiado endurecidos en un pedernal de congoja y hasta la paleta de color de los ojos miel se había tornado más oscura. Personificaba una tristeza grande, mortal y omnipresente.

¿Sabías que los diccionarios son incapaces de describir el alma y las definiciones lo reducen todo a placer o dolor?; ¿que dan vueltas una y otra vez sobre lo mismo sin llegar a nada?; ¿qué son incapaces de proporcionar material para edificar? Impotentes ante la dificultad que entraña definir el alma humana, la descripción racional de las pasiones humanas acude a *tus* arquetipos y construcciones. Pero el orden académico se embota al tratar las cosas del alma, y saber de ellas obliga a conocer la frescura de místicos y poetas. Pues bien, no es posible definir el alma de *este* hombre. Hay que cruzar el Rubicón, atravesar miradas «en el sagrado instante», reducirlo todo a lo más pequeño.

La pena de este rostro no se asemejaba a la de Dorothy en *El mago de Oz* cuando su casera se lleva a su perrito Totó, ni a la cara que esgrimen algunos concursantes de TV cuando

pierden todo por arriesgar más de la cuenta o ser más igno-
rantes que el mínimo recomendable. Se asemejaba más a una
especie de remolino de aflicción atemperada de una anchura
y altura inalcanzables; un torno sinfín donde podías verte
atrapado y ahogarte si no llevabas puesto ese salvavidas de
frivolidad que los seres humanos nos colocamos para soportar la vida o cuando nos vemos acorralados o heridos sin remedio sabiendo que somos culpables.

Era una pena sublimada en un desconsuelo sosegado
que parecía esconder un equilibrio aún más extraño. Ese rostro emitía esta peculiar sabiduría: que la tristeza y la alegría se
pueden encarnar en dos muchachas inseparables y que los
ojos de un hombre pueden reflejar esa dulce amistad. Allí,
una se encaramaba a los hombros de la otra y, como herma-
nas, te invitaban a su lozanía, a su virginidad, a su mezcla de
candor y rubor. A vivir *con* preguntas, a guardarlas, a apretu-
jarlas en el pecho como un tesoro frágil… y a callar. Sí, ani-
maban al silencio de un discurso intangible que te decía sin
palabras que preguntar a estos ojos era una necedad tan
grande como jugar al ajedrez sin rey, un silencio que te hacía
sentir confundido y avergonzado como el típico fulano que
pide autógrafos a un famoso que está harto de admiradores
que piden autógrafos.

El caso es que, estando yo enfrascado en estos sentimientos y pensamientos, escuché estas palabras.

—La vida es un gran interrogante flanqueado por dos
grandes exclamaciones. —El timbre de su voz parecía invi-
tarme a un baile moviéndose al son de una música que yo no
podía escuchar y que transmitía la misma convicción que la
congoja que me acababa de atizar el alma—. A los hambrien-
tos enriquezco y a los saciados empobrezco. Formula la pregunta porque allí está la respuesta.

Creía acertar a percibir que se estaba rebajando a mi nivel para hacerme sentir cómodo y, para colmo, no tenía viso alguno de condescendencia. Me parecía más bien como un gigante que habla con un *lemming* en un idioma que el roedor apenas conoce, ajustando aquel el timbre y la potencia de su voz para hacerse entender. Y entonces me olvidé para siempre de autógrafos y fotos porque entendí que un hombre muy rico me invitaba a su mansión y quería prepararme una cena fastuosa poniendo en la mesa lo mejor de sí mismo. En un instante el encuentro se había convertido en un regalo inmenso…, y me asustaba porque me hacía sentir demasiado vulnerable.

—¿Por qué quieres verme? —le espeté con una voz que a mí mismo me seguía pareciendo muy cortante. Hubiera deseado añadir «justo a mí», «justo hoy», «justo en este pueblo perdido de la España rural», pero él pareció escuchar absolutamente todo lo que *no* había dicho.

—No queda mucho, Alberto. No es un secreto porque ya lo has visto dentro de ti, y hasta los incrédulos lo saben. —Pausó un momento antes de proseguir—. Como sucede desde el principio, algunas ovejas deben ser visitadas antes de que suceda, las más débiles para ser fortalecidas y las más fuertes para ser debilitadas. Otras deben volver al valle de la decisión. Son vísperas de fiesta y se necesita el vino ya. Estáis en tiempo de descuento porque ya no hay tiempo.

La voz sonaba firme…, pero no se limitaba solo a eso. Resonaba como el eco de muchas voces a través de las tuberías del tiempo e iluminó dentro de mí el dicho de los antiguos. Reconocía en ella la voz de los ángeles que libraron a Lot de todo lo retorcido que aquel hombre y su familia tuvieron que soportar en la época que les tocó vivir, aquella maldad que quería envenenar a todos los que no querían vivir al son del ladrido que marcaban los perros.

«…salid, no hay tiempo».

No hay tiempo era un tsunami de juicio inevitable; como cuando lanzas una gran piedra hacia arriba y al poco cae por el efecto de la gravedad y te tienes que apartar o te aplasta. *No hay tiempo* iba precedido de urgencia y premura; «no mires atrás», «no vuelvas a por la capa», «no bajes del tejado». *No hay tiempo* se llenaba de significado al compás de su voz y se traducía a sí mismo en una espiral de luz. *No hay tiempo* ocupaba todo el horizonte.

Era grande. Real. Inminente.

Entonces me asusté muchísimo. No quería oír más ni estar allí. No soportaba el oráculo ni las palabras que transportaba en su seno. Me empezaba a sentir mareado otra vez cuando tocó de nuevo mi mano y dijo con tono inapelable:

—Esfuérzate y sé valiente.

EL DILEMA

Aunque nunca he abandonado la fe (o quizás ella no ha conseguido librarse de mí), sí he perdido algunos de sus abalorios. Sucede que, cuando el Libertador corta algunos de los hilos de los que cuelga tu marioneta, se produce un intento infructuoso de rellenar el vacío de los cables para que todo siga igual, o al menos parecido. Nos gusta la esclavitud. Es una cuestión de amores no correspondidos, de desengaño amoroso, de ira mayúscula; y si no encuentras algo mejor que lo sustituya (cosa que nunca sucede) es casi inevitable que la amargura venga a rellenar el agujero. La Biblia advierte contra ella, aunque no he conocido todavía a nadie que no albergue cierta amargura. Curiosamente, esa misma Biblia también dice que la vida es amarga y las cosas de Dios también lo son. En fin... lo que puedo decir es que en mi interior había un gazpacho que llevaba tiempo macerándose, un callo sin tratar por el podólogo desde que tengo uso de razón.

La ocasión me pareció muy propicia. Surgió de forma bastante natural y espontánea, no tuve que esforzarme demasiado ni pensar en exceso:

—La gente no parece entender nada, y menos tus caminos. No entiendo qué tiene que ver tu «amor» con niños que se pudren de cáncer o de cualquier enfermedad que los carcome en vida. Día tras día, bestias y hombres inocentes se mueren de hambre en tu «mundo perfecto». Esas malditas guerras que han hecho rutina de la miseria humana, reinas y señoras de todo lo peor. Desastres y terremotos que arrasan todo a golpe de fuego, agua y viento. La gente sin afecto. Esta interminable plaga de gobernantes que van sembrando a su paso injusticias sin vergüenza alguna y lo corrompen todo. Tiranos repugnantes cuyo objetivo siempre es el eslabón más débil y que siempre se refugian detrás de su maldad: se ceban con nosotros y siempre pagamos los mismos. ¿Sabes lo que es estar indefenso en manos de esta gente? ¡Tú qué vas a saber! —Me entraron unas ganas irrefrenables de abalanzarme sobre él y sacudirle cuatro bofetadas, pero enseguida me recompuse y continué porque callaba mirando sus manos, como si supiera que no había terminado.

»Se envenenan con sustancias que corroen la vida; utilizan armas que destruyen infinitas posibilidades; prostituyen lo más bonito de tu creación, corrompen lo más tierno y débil. Esto mueve su economía y sobre estas cosas construyen sus ciudades… y el imperio militar teóricamente «cristiano» que estás utilizando para velar por la «paz» del mundo también lo hace. Con razón la gente se suicida, y aborta a sus hijos, y la vida de la gente es tan miserable. No me extraña que ignoren tus palabras y que a los tuyos los acusen de chiflados iluminados, y los persigan y maten. Porque además la mayoría son una pandilla de hipócritas indeseables y unos meapilas insoportables. Parece que nada te importa y que has abandonado este mundo a su triste suerte. Ni estás ni se te espera, ¿lo sabías? (…) Este mundo es una pocilga y lo tuyo es un fracaso hasta para los que creen en ti. Es un fraude. Mira lo que queda del mensaje que encendiste hace 2000 años. ¡Mira las cenizas! ¡No queda nada! Y encima, esta maldita pandemia…

No quería sermonear.

Era una recolección espontánea que me salía de lo profundo de la garganta o quizás de la tripa, vaya usted a saber. Él parecía dispuesto a escuchar cada uno de mis mustios lamentos, a ser el pan fresco sobre el que se extendía mi mermelada agusanada; pero os aseguro que se lo hubiera soltado a cualquier loquero que me hubiera sentado en su diván sin cobrarme cien euros por alquilarme sus orejas una hora. Incomprensiblemente, toda la amargura condensada en el vacío de adentro se sublimó aterrizando en mi boca, y confieso que proporcionó casi el mismo desahogo que cuando alcancé la mesa donde ahora me sentaba.

Sin embargo, en cuanto hube terminado el cuestionario supe que me había adentrado en un terreno que no me pertenecía. Al poco me ruboricé, se me humedecieron los ojos y volví a sentirme avergonzado y agitado. Algo me decía que pretendía venderle clases de natación a un delfín, no sin antes examinarle de gramática.

EL PASTEL

Entre breves pausas para beber de su taza seguía jugando con sus manos cuando, de repente, se detuvo. Intuyendo que iba a levantar la vista en cualquier momento, procedí inmediatamente a apartar la vista a otro lado para evitar el gesto de desaprobación. Tras unos instantes interminables rehuyendo lo inevitable, me cargué de valor y me atreví a mirar. Si ha de ser harto laborioso comprender que no hubiera reprimenda, lo que vi a continuación resulta aún más difícil de explicar.

Todos hemos visto caras que se quedan para siempre en la memoria y que a veces acuden a nosotros en visiones nocturnas o en tiempos de dificultades. Yo recuerdo la expresión de hartazgo y ecuánime enfado de una maestra de EGB que me quería mucho y una tarde me abroncó con toda razón. También tengo grabada la cara de mi afable dentista, inolvidable que te sonría con cariño alguien a quien temes. Son rostros que te tejen algo por dentro, una telaraña que se hace a sí misma y que siempre está ahí. Pues bien, el semblante que estaba ante mí pertenecía a esta categoría.

Eran los ojos de una esfinge inmortal que, paciente y juguetona, estaba esperando a que un mortal le planteara (¡a ella!) el enigma. ¡Estaba contenta! Tanto que hasta le brillaba el rostro. La moza alegría se elevaba por encima de los hombros de su hermanita tristeza; y, claro, ahora era yo el que no entendía absolutamente nada, y menos aún el oráculo:

—Ese es el índice de los capítulos de un libro que vas a escribir. —Dibujó media sonrisa enigmática mientras decía esto y prosiguió con un tono distendido de sorna y dulzura que me fastidiaba un tanto—. Has mezclado todo, Alberto, y no todas las mezclas son lícitas. Los ingredientes primero; luego el pastel.

—Pues… pues no entiendo nada de lo quieres decir —espeté y apuré un sorbo de aquel café tan reconfortante—. ¿Acaso algo de lo que te he dicho no es verdad?

—La verdad, ¿dices?… ¿De *verdad* quieres hablar de esto? Casi todos preguntan cosas relacionadas con su familia, su trabajo, ellos mismos. Sus dolores más personales. Quizás te resulte más fácil si reduces el área del polígono…

—¡Es que yo no soy *casi todos*! —repliqué ofendido en un arranque de furia ibérica ante el que yo mismo me quedé un tanto perplejo—. Creo que prefiero hablar de tu «maravilloso» mundo de ahí afuera (…) necesito… necesito entender esto, ¿comprendes? —murmuré, aunque no demasiado convencido.

Lo cierto es que no quería hablar de mí, ni de mi familia, ni de mis problemas, ni de nada que tuviera que ver conmigo. No sé si esto le daba la razón a él o a mí, pero tras unos momentos en que volvió a mirarse las manos, prosiguió:

—Bueno, daremos un rodeo —dijo con un ritmo de voz tan sereno que parecía que todo alrededor se serenaba—. Considera el delicioso bizcocho de nueces de tu madre… —Hizo aquí una pausa grandísima que a mí me pareció una eternidad, alzando de nuevo la vista sin mirarme a mí, como señalando a algo que estaba delante de él—. ¿No deben los ingredientes ponerse en su justa medida y después introducirse al horno, que también tiene su medida? Si los ingredientes están en mal estado, no tendrás bizcocho. Si son frescos y están mal mezclados, en medidas injustas, no tendrás bizcocho. Si tienes todo bien y el horno no alcanza el calor adecuado, tampoco tendrás bizcocho. Y si todo está perfecto y el tiempo no es el crítico, de nada servirá el esfuerzo.

Sin venir a cuento, sentí una envidia horrorosa de que supiera lo del delicioso bizcocho de mi madre. Parecía como si el bizcocho lo hubiera cocinado él y se lo fuera a zampar entero. Ahora me quedé petrificado porque me miró muy fijamente:

—Tu caótico engendro está mal mezclado y horneado. —Tenía la extraña certeza de que estaba mirando más allá de mí pero distinto que antes, como si se transportara a otro lugar—. Si quieres sabiduría, debes mirar y aprender de ella porque nunca miente ni engaña ni hay en ella apariencia. Siempre te dará la imagen correcta, la que es útil y adecuada en cada momento.

Quería participar de lo que escuchaba aunque no pudiera entenderlo, así que yo asentía por dentro casi por inercia, como una cacatúa que quisiera darle cuerda a un motor a reacción asintiendo con la cabeza.

—Bien. Hablaremos de cada uno de los ingredientes. Los veremos uno a uno aunque la mezcla y el horneo no te pertenezcan a ti conocerlos aún; y los que estén en mal estado, yo los restituiré.

Al pronunciar estas palabras, resueltas con una dulzura tan indescriptible que la hubiera considerado capaz de resucitar a un ejército de momias, oí el ruido de una cascada ensordecedora que parecía cortar el mundo en dos, y cuya fuente era como de agua fresca, y que corría en libertad, y que tenía en sí misma el poder de saciar la sed del alma más sedienta.

Entonces todo me dio vueltas y me desvanecí.

[...]

—¡Venga, chaval, espabila! Este debe estar drogado, ¡y es que hoy en día no saben hacer otra cosa que drogarse! Mira, parece que ya despierta. ¿Me oyes? ¡Chico! ¡Chico! Ea, Manuel, no te quedes ahí parado... ¡trae un poco de agua al chaval!

Abrí los ojos como si me levantara de una anestesia general de largos días y vi ante mí el rostro de una mujer francamente gruesa con un delantal de cocinera rodeada de algunas personas que me daban golpecitos en el brazo y a los que (según me contaron posteriormente) contesté algo parecido a esto.

—Tze, tzi... Eztoi benn, eztooi binn... ahh... kjreeeo kee mee ehh caiido... a zuelo.

Me escuchaba a mí mismo a modo de borracho balbuceando en una extraña lengua que se había adherido al paladar, como si mi idioma nativo fuera otro y tuviera que aprender el español otra vez. Entre la mujer y otro señor me ayudaron a sentarme en la silla y me dieron un vaso de agua. Después de un par de tragos del neutro líquido y de unos momentos que se me hicieron eternos, me sentí muchísimo mejor y empecé a venir en mí.

—¿Han visto al hombre que estaba aquí sentado conmigo, el que parecía un poco como árabe? —les pregunté complacido al ver que mi querida lengua natal volvía a recuperar su función y acento habitual.

Se quedaron callados un momento, creo que un poco sorprendidos al oírme hablar en un español que, si bien no llega a cervantesco, sonaba castizo y castellano. Enseguida me di cuenta de que no era por eso.

—No había nadie contigo. ¿Seguro que estás bien?

—¿No había…? —Me froté los ojos y me toqué la frente como despejándola de un impacto con un tren de mercancías—. ¿Seguro?

Se quedaron mirándome callados con cara incrédula y me sentí avergonzado de una perplejidad que no terminaba de parecerme honesta del todo.

—Bueno… gracias. Muchas gracias. Creo que me marcho… por favor, tráigame la cuenta.

—No has pedido nada —dijo el tal Manolo, el que había traído el vaso de agua—. Entraste, te sentaste aquí, y cuando venía a tomar nota te caíste al suelo. ¿No sería mejor que llamemos a una ambulancia?

—¿Ah sí…? Ehhh… ¿de verdad? Nada, bueno… es que a veces me pasan estas cosas. —Y enseguida se me ocurrió quitarle hierro al asunto inventándome algo ocurrente—. Yo es que sufro de esta cosa rara… ¡narcolepsia!... Sí… desde pequeño, ¿saben ustedes?... Y me duermo de repente y me caigo por ahí en cualquier lado. ¡Zas!... al suelo. En el metro, en la calle, en casa… No pasa nada, es normal —les explicaba con aspavientos mientras la mujer miraba con un gesto de recelosa curiosidad, como si no hubiera descartado del todo el asunto de las drogas o un infarto cerebral.

—¿Vives aquí? —me dijo aquella buena señora—. ¿Quieres que te llevemos a casa? Tenemos el coche a la vuelta de la esquina.

«Lo que me faltaba», pensé para mí mismo. Y también pensé que las mentiras no compensan.

—No se preocupe, estoy bien. Qué amable. Es raro que me duerma a estas horas… me suele pasar por las mañanas —sentencié mientras me levantaba de la silla.

Redoblé mi agradecimiento y, al ver que me expresaba en tan correcto castellano y que andaba más derecho que el paralítico de Betesda, al final se convencieron de que quizás me había dormido y me dejaron marchar. Enseguida agarré el paraguas que alguien había tenido la amabilidad de recoger del suelo y abandoné el mesón como alma que lleva el Señor, sin prisa pero sin pausa.

Afuera la lluvia se había cansado de caer y el cielo me regaló un soleado atardecer pintado de nubecillas que, en forma de arreboles escarlatas, me acompañó todo el camino de vuelta a casa. Aquella noche concilié el sueño como no lo había hecho desde hacía mucho tiempo y, al poco de aquello, empecé a recibir cartas manuscritas aparcadas en mi buzón por alguien que (tengo la certeza) conoceré algún día.

De: Rafa'el Sha'ar Lâmeh
Para: Alberto Cano García

Estimado Alberto:

Mi nombre es Rafa'el Sha'ar Lâmeh, rango angélico elemental de la primera edad, militante de la decimotercera legión del noveno batallón, cultivado en la Facultad de Escribanía y versado en Dramática Literaria. Mi comandante ordenó que contestara a las incógnitas que blandiste y te envía saludos en su Nombre.

En esta primera epístola empiezo a corresponder a las cuestiones que hace tres días de tu tiempo planteaste en el mesón. Será larga y por eso la he dividido en tres partes. La razón de su longitud es la necesidad de un fundamento firme. Muchos, he de decirte de antemano, no soportan la primera carta.

No estoy autorizado a contestar más de lo que vas a recibir.

Paz.

*La gente no parece entender nada,
y menos tus caminos.*

Parte I

Entendéis mucho más de lo que parece.

El *oído* y el *ojo* son actitudes, no facultades físicas. Todos tenéis oído, pero no todos lo usáis para *oír;* y ojos, mas no todos son *sencillos.* Oír y ver son cosas complementarias, cara y cruz de una misma moneda. El que oye adecuadamente ha visto con sencillez, el que ve con sencillez ha oído adecuadamente. Tenéis oídos y no oís, ojos y no veis. Poseyendo lo necesario para ejercitar los músculos de vuestra responsabilidad ante nuestro Creador, os hacéis los sordos y ciegos. ¡Qué tristeza que a estas alturas no sepas que la ignorancia no reside en el cerebro! No importa que seas cortito de entendederas o un genio más allá de todo aplauso: *entender a Dios* no es un asunto intelectual.

Vives en una generación tan anegada en un pantano de información que apenas concibes la realidad de las cosas. El cerebro ni siquiera funciona a nivel orgánico como das a entender, pues vuestra mente piensa multidisciplinariamente buscando en sus recuerdos, en su conciencia, en la personalidad misma del alma. Siempre escudriña una imagen, un modelo; y una vez encontrado aquel que le resulta más cómodo y sensual, lo usa para filtrar toda la información que recibe. La información no se obtiene, analiza y procesa en bruto, y ni siquiera lo hacéis siempre en ese orden. Existe una interdependencia, una comunicación constante entre el dato puro y el corazón, de modo que lo informado «salta» y se retroalimenta de vuestro universo interior. Dicho de otro modo, lleváis vuestra experiencia vital a los pies del corazón.

¿Qué ejemplo cercano a tu generación podría darte? El intelecto humano podría equipararse a los ordenadores que habéis inventado, un instrumento integrado en su propio sistema nervioso al que no puedes entregarle datos sin ton ni son, sino que necesita una «programación» previa que le permita leer y procesar la información. No entenderá la multitud de datos ni podrá analizarlos correctamente sin un «programa» que le traduzca qué significan esos datos y qué hacer con ellos. Bien, pues en el símil vosotros tenéis un órgano que hace las veces de ordenador y programa, una cosa llamada *corazón* que decide cómo leer los datos y también qué hacer con ellos.

¡No podéis escapar del corazón!

Me protestarás que, si los datos que provienen del mundo que os rodea son «malos», siempre se aprende y escoge lo «malo». Sin embargo, no funcionáis así. El combustible proviene de lo que alguno de vuestros filósofos denominaba «mundo de las ideas», es decir, el mundo espiritual. Esa conciencia con que nacéis y que distingue lo bueno de lo malo proviene de lo invisible y, si bien no lo podéis ver, todos la traéis de serie. Pero aun aceptando (como dicen algunos de vuestros pensadores) que los datos que procesáis sólo procedieran del mundo físico, el corazón seguiría «filtrando» porque allí converge todo. Es ordenador y programa, es la sala de control donde se toman las decisiones… *antes* incluso de recibir la información. En los niños, en general la imagen es más débil que en los adultos; según el niño deja de serlo, lo que podríamos llamar «prejuicio» toma la delantera y se levanta la gruesa pared.

Y este es el quid de la cuestión: lo que llamamos «prejuicio» es ese *ídolo* del que tantas veces Él os hablaba y cuyo significado la inmensa mayoría ignora. No se trata de esculturas de yeso o de madera, sino *eso* que atesoráis, *cualquier* cosa donde se asiente el corazón. Vuestro muro pintado, la estatua secreta, la imagen asentada que adoráis.

Muchas veces habrás observado en ti mismo y en los que te rodean una especie de testarudez inamovible: sin importar la cantidad o cualidad de la información que llegue al extremo del cerebro, la imagen no varía. Aunque lo tengas delante de las narices, lo rechazas. La persona no reacciona ante los hechos. ¿Significa esto que el cerebro no funciona, es decir, que *no* entiende? No, por cierto. Significa sencillamente que, sin importar los datos entrantes, hay un ídolo escondido al que proteger. Para los casos más extremos, vosotros mismos decís: «tiene lavado el cerebro», «es un fanático» o «es muy cabezota». Y ciertamente, en mayor o menor medida, esa es la condición de todos vosotros: un ciego encadenado.

¿Qué sucede en vuestro diario vivir? Que si la imagen que traen los datos (la «imagen objetiva») no se conforma a la imagen ya asentada en el corazón (esa que el corazón considera «correcta» o «buena», la que ama y adora), la imagen intelectual se deshecha. En vuestro mundo moderno, miles de personas trabajan día y noche en política y comercio intentando conectar con vuestros ídolos para que el «mensaje» alcance al corazón, que es el centro de control de la toma de decisiones. El poder y el dinero se mueven en vuestro mundo identificándose con los ídolos y repudiando en gran medida la verdad objetiva de los hechos. ¡El hecho objetivo es demasiado duro de soportar! Lo que triunfa es el engaño sutil, tirar de la cuerda correcta... rendir culto al ídolo interior. Esto quiere decir que tener *ojos* y *oídos* (un corazón que ve y escucha) no garantiza su «uso correcto» ya que os negáis siquiera a utilizarlos si intuís que la integridad de vuestra imagen podría verse comprometida. La información no se obtiene, analiza y procesa objetivamente, y ni siquiera lo hacéis siempre en ese orden. Existe una interdependencia, una comunicación constante entre el dato puro y el corazón, de modo que lo informado «salta» y se retroalimenta del tesoro interior como si vuestro cerebro fuera la dentadura que mastica la carne que luego digiere el corazón.

Por esto el Maestro vino primero entre vosotros pidiendo «¡arrepentíos!», es decir, «¡admitid que tenéis el corazón lleno de ídolos!». El arrepentimiento es una luz de afuera que ilumina por dentro, un anuncio externo que asimismo es una respuesta interna. También por esto os hablaba en Parábolas, historias simples e insondablemente profundas diseñadas para ser «observadas por el corazón» y cuya enseñanza «se contempla interiormente» y no puede solamente «diseccionarse intelectualmente».

EL ÍDOLO ES UN TESORO OCULTO QUE SÓLO PUEDE SER ABANDONADO POR UN TESORO MÁS GRANDE Y AÚN MÁS OCULTO.

Hay algo que hemos estado tocando de soslayo, y que quizás habrás intuido, y es que el ídolo también sigue un patrón determinado. Detrás de todo ídolo, allá en el fondo del pozo, hay un *yo*. El esquema que usa el corazón para moldear sus imágenes es uno mismo, y el yo acude a lo que *cree que más necesita.* Por eso el ídolo siempre está *personalizado:* hay tantos ídolos como personas hay en el mundo, y por ello un mismo ídolo en dos personas diferentes no es exactamente igual. No hay tabla rasa, sino que sucede desde los inicios una «personalidad» que en el recién nacido se manifiesta aun en el vientre de la madre, y esto significa que el corazón nunca cesa de tomar decisiones y moldear sus imágenes siguiendo el patrón del *yo.* Sea que levantéis nuevos ídolos o se modifiquen los que hay allí, el paradigma sigue siendo la sutileza del *ego* haciendo del hombre un fiel reflejo de sus ídolos *y* de cómo se relaciona con ellos.

Cuando escucháis el Evangelio os enfrentáis al Molde Original, a la Idea Original, al Logos y sus postulados… pero eso no quiere decir que la voluntad no siga presentando una feroz batalla para preservar los ídolos. El gran conflicto se manifiesta mediante tensas emociones que muestran que los amores están siendo desafiados: ira y frustración, angustia y desolación. Al principio, en algunos parecería que no hay conflictos y todo es maravilloso… pero el principio del camino no tiene nada que ver con el medio o el final. La exquisitez del ídolo y vuestra necesidad es tan grande que, con el transcurso del tiempo, hasta lo más grandes santos adulteran sin remedio. La Senda es tan estrecha que resulta imposible hallar a nadie de entre los de vuestra generación que no levante ídolos; y como el Camino no busca prosélitos, sino discípulos ocultos bajo sus alas, la guerra se antoja continua: el Logos «comprende» pero no guarda ningún respeto y no procura ningún favor al ídolo. La tolerancia es nula.

¿Ves ahora el terrible conflicto al que os enfrentáis cada día y el incendio que ha provocado la Cruz en el mundo? Mientras procuráis edificar vuestro Babel (haceros a vosotros mismos para alcanzar el cielo en la tierra, levantar una imagen de vuestra propia imagen independiente de la vida de Dios), la Cruz convierte todo en cenizas. En la parábola de los ejércitos que os enseñó (que es una advertencia a las muchedumbres que quieren poner a Jesús en su larga colección de ídolos), se advierte que la batalla es inminente y se recomienda enviar una delegación para «firmar la paz» antes del inevitable enfrentamiento. Hacer las paces con Él, tal y como se os explica allí, significa aborrecer tus primeros ídolos familiares (no a *ellos* en sí, sino al *dios* que has hecho de ellos), el ego (el verdadero ídolo detrás del resto) y después tomar la cruz (cargar con ese ego) y seguirle.

Y esto es solo el principio. ¿Sabías que la mayoría de enseñanzas del Maestro tienen como principal misión arrancar el motor? Solamente prender la llama. ¡Pufff! Sólo *llamar*. Después, cuando el vehículo recién arrancado echa a andar, es precisamente cuando empieza la aventura que no se puede enseñar. El Señor os hablaba en parábolas para poner vuestro corazón en marcha, para encenderlo y que vosotros mismos descubrierais el tesoro con vuestra búsqueda. Como dicen los paganos, es *mágico*. Si tu corazón no recibe ni responde a la Parábola, nunca puedes conocer su significado completo… porque la enseñanza de la Parábola es *vivir* la Parábola.

Bien, vamos a volver a nuestro caso. Esta parábola, como el resto, te hace una pregunta. ¿Para qué querría nadie en sus cabales cargar una pesada carga y seguir tras las pisadas de otro Hombre?

Parte II

El que hace tal cosa alberga la esperanza de que este Hombre haga *algo* con la carga que llevas. El hombre que ha decidido negarse a sí mismo, tomarse a sí mismo y sus circunstancias y seguir en pos del Hombre lo hace en esperanza de conseguir que alguien, al fin, le quite esa *horrible carga*. Si hay un buen guía que está caminando y te dice que le sigas con tu carga, entonces hay un destino deseable donde desemboca la caminata.

No muchos en tu mundo llegan a ver que la única y verdadera necesidad de su vida es ser liberado de la carga y que solo hay una forma de hacerlo, así que menos aún llegan a hacerse la pregunta que más deberían hacerse: «¿Hay algo o alguien que *de verdad* pueda liberarme de mí mismo?». Si alguna vez hubo una sabiduría que proclamar es esta muerte silenciosa como única solución y mayor regalo al que se puede aspirar; y si hubo alguna vez una necedad que pudiera encerrarse en una sola definición, podría decirse que es la de albergar miedo a esta necesaria *muerte*. La solución siempre está en las Parábolas, así que veamos la «Parábola del discípulo». La conoces perfectamente, pero puedes buscarla en la narración de los dichos y hechos de Jesús que escribió Mateo (por ejemplo, Mt. 16:24).

Negarse a uno mismo es el primer paso, más sencillo de lo que pudieras imaginar. Simplemente es mirarse al espejo con honestidad, pues quien así hace solo puede detestar lo que ve y después desear que alguien acabe con lo que refleja el espejo.

DE AQUÍ EL PROVERBIO:
«LA MUERTE ES EL DON DE LA SABIDURÍA».

Todo lo relacionado con el proceso de la *muerte* se resume en la responsabilidad de *escuchar,* y este *oír* debe responsabilizarse de lo oído o de nada servirá escuchar. Esto es semejante a muchas cosas; por ejemplo, es parecido a cuidar de un bebé, un jardín… una semilla.

¿Te acuerdas de la parábola del Sembrador? Todas las Parábolas se conectan entre sí, pero de esta el Maestro dijo que todas las conectaba a sí misma. Queda así expuesta:

Él esparce la semilla en el campo del mundo sin control, sin hacer acepción de personas, a todos alcanza la extraña simiente que en todos nace muerta y en todos germina. Siempre se *escucha* al menos una vez; si hoy no oyes la Voz, la oirás mañana. El Logos se esparce en tu corazón, lo quieras o no. *Escuchar* es el primer paso para abrir el potencial de la fe… *escuchar* es lo que permite que la simiente germine. Pero sólo es el primer paso. ¿Qué les sucedió a aquellos cuya simiente ya germinada murió? Lee lo que sucedió. Escucharon una primera vez y no se mantuvieron *escuchando.*

La fe, por tanto, es escuchar a quien debe ser escuchado y no escuchar a quien no debe ser escuchado; es una «fe de perseverancia» que escucha y se mantiene escuchando. Si hoy escuchas a Dios y dentro de dos lustros terminas escuchando a Satanás y despreciando a Dios, ¿de qué te sirvió escuchar a Dios? Si así hacéis, ¿cómo podréis escapar de la ira excepto por el fuego? Así pues, el destino de la semilla depende del estado del suelo, de la condición del corazón. Cuidarlo es *escuchar* y escucharás a lo que *amas*, así que es imperativo elegir bien tus amores porque escucharás a tus amores. Si escuchas al Logos, tus queridos ídolos serán expuestos porque es el único poder del universo que puede sacarlos de su escondrijo, exponerlos y derribarlos. Toda vuestra vida natural en la tierra, vuestra interacción con los demás en su nivel más básico, podría resumirse en una batalla o un pacto. Lo hacéis cuando vais al trabajo, al cine, al supermercado o convivís en el entorno familiar. Las relaciones con los demás son una colisión o pacto constante entre ídolos, y la Sabiduría usa los ajenos contra los propios para trastocar los propios. A veces es la única forma de llevaros al arrepentimiento.

Como ves, ¡una actividad tan aparentemente inocua como *escuchar* te puede matar!

El Evangelio tiene un poder inigualable, incomparable a ninguna otra cosa o experiencia. Sin embargo, su pleno desarrollo sólo se manifiesta en aquellos que están dispuestos a que sus ídolos sean destruidos; por eso dice «los violentos lo arrebatan», ya que el ídolo sólo cae cuando se acepta la violencia del Evangelio contra uno mismo.

Entonces preguntarás… ¿es la espada inevitable e irresistible? Sí y no. Actúa inevitablemente, pero su plena eficacia baila con la voluntad del hombre agarrada del brazo. Ya os advirtió severamente que si escuchas y aceptas el Mensaje debes sopesar bien el coste porque conocerás su celo amoroso y la destrucción de tus amadas imágenes (ninguna satisface al corazón), y el dolor será mucho mayor si las proteges y rechazas la obra de la Muerte. Si bien es cierto que esto lo hacéis todos sin excepciones, de una u otra forma y con una intensidad variable, el que ha aceptado el Mensaje debería desear y abrazar su muerte por encima de todo. Es cierto que el Logos no tiene rival y los ídolos siempre quedan postrados, pero también es cierto que nadie abraza la cruz y desprotege los ídolos *perfectamente*. Es como si el fuego de la Muerte os fuera *insufrible*, lo bastante como para que los mayores héroes se sienten a lamerse las heridas en la cuneta del camino estrecho y la inmensa mayoría no salga del camino ancho.

Quien *escucha* al Logos no le queda otra que pelear contra sí mismo, aprender a vivir en una «negación de sí mismo»… que es mirarse en el espejo y ser honesto con lo que ve, hacerse responsable de ello y seguir al Cristo. Es por esto que el valor de las almas aquí arriba no se mide por su doctrina, su grandeza intelectual o las limosnas que ha repartido a lo largo de su vida, sino que depende de hasta qué punto se han dejado amar por Él hasta la aniquilación de sí mismas. «Negarse a uno mismo» y «tomar la cruz» son requisitos indispensables para andar con Él. Es una *pacífica* violencia porque el fondo de la Parábola no transmite ningún sentido de «carga impuesta»: no os lo dijo para cansaros, sino para descansaros. Aborrecer los ídolos y tomar la cruz debería ser un deleite interior, un regalo compartido a lo largo del trecho, una intimidad compartida que no está exenta de un alto coste pero también es un goce. Mi compañero Ari-El la llama *muerte dulcificada*.

En definitiva, este es el Camino; un orden específico cuya estructura perfila la Sabiduría. Una base y una cima.

**PRIMERO TE NIEGAS A TI MISMO,
Y ENTONCES PUEDES TOMAR TU CRUZ,
Y ENTONCES PUEDES SEGUIRLE.**

No se puede «tomar la cruz» sin «negarte a ti mismo» y no puedes «seguirle» sin tomar la cruz. Tras este primer pasito, en el momento en que empiezas (aun levemente) a «negarte a ti mismo», descubres el pastel: no son tus circunstancias ni las personas que te rodean ni tu condición socioeconómica. No es dinero, salud ni amor. No es lo que la vida te ha dado o te ha quitado. Tu cruz (esa que debes «tomar») *eres tú mismo*, y no puedes tomarla a menos que te niegues a ti mismo, que es cuando ves que el problema eres tú y que ese es el único problema que tienes. Negarse a uno mismo hemos dicho que es mirarse al espejo y ser honesto con lo que se ve, que es igual que decir que dejas de escuchar a un corazón malvado y podrido que siempre hace y dice lo mismo (victimizarse) y *oyes* la Voz del Pastor (la que te llama a la grandeza del Reino).

El primer paso quizás sea el más difícil..., después todo se hace más sencillo porque nadie se atreve a mirar al horror de frente, tomarlo en sus manos y seguir al Crucificado en vano. He de decirte que muchos descubren el pastel, pero no toman esa cruz. Otros tantos son capaces de tomarla, pero no le siguen. Saben que son malos, lo aceptan y toman la cruz... pero no le siguen. Si descubres el pastel, acéptalo y síguele; ahí está tu necesitada *muerte*.

Este es el premio. Acabar junto a Él en la Cruz donde termina tu problema y el de toda la humanidad. Allí, en el Calvario, eres <u>terminado</u>.

Un punto y final.. para ti.

Parte III

Así pues, Dios prohíbe los ídolos porque es celoso de vuestro bienestar y se desvive por lo que Él ha creado. ¡Ay, si entendierais que su Creación es una extensión de Sí Mismo! Se considera totalmente responsable de vosotros porque Su involucración es total. Él sabe el peligro que suponen: os ciegan, os dejan sordos, os limitan a su imagen trivial, os convierten en enanos insignificantes a merced de cualquier viento que sople. De ahí que la verdadera pobreza o riqueza del hombre es la obra de su corazón, y de ahí que la verdadera abundancia florezca cuando el ídolo es confrontado al Logos y derribado por su poder.

El meollo de la cuestión no depende de lo amplio o exhaustivo de la información recibida, sino de lo que hacéis con lo muy poco, de vuestra fidelidad con lo *muy* pequeño. La semilla y el ídolo son en apariencia cosa pequeña, pero de ambos puede crecer algo grandioso o monstruoso.

ATIENDE Y MIMA LO PEQUEÑO, ALBERTO, INCLUIDO ESE PEQUEÑO ÍDOLO QUE GUARDAS.

Vuestro corazón es la fuente de donde mana la vida. Todo cuanto brota del corazón afecta a vuestra forma de entender el mundo, moldea vuestro futuro…, ¡produce cambios *físicos* en vuestro cuerpo! De ahí que vuestros neurólogos hayan descubierto que los «pensamientos» (positivos o negativos) modifican la química del cerebro y lo sanan o enferman. Todos vuestros libros de autoayuda se podrían resumir en que los mecanismos que regulan la actividad intelectual dependen de la actitud del corazón. ¡Dejad la cabeza en paz, por favor! No ha habido en la historia de la humanidad tantas personas velando por la salud mental de los demás y al mismo tiempo un mundo tan desquiciado y enfermo. Al menos sed honestos con la realidad de vuestros telediarios.

No sabéis hasta qué punto el corazón gobierna todo vuestro ser, que la contaminación de vuestro mundo es lo que sale del corazón, que la moral y la buena conciencia no dependen de cuánto entiende el cerebro, sino de cuánto se ama a Dios con el corazón. Antes bien, todo cuanto de perverso sucede en el mundo nace en el corazón de cada uno de vosotros, germina allí donde se bombea la esencia de la existencia. El corazón es lo que debe ser iluminado en medio de su oscuridad y restaurado de su enfermedad.

Esta insistencia con el corazón y sus ídolos podría parecerte una obviedad y una digresión del punto principal; no obstante, conectando con tu pregunta inicial, ahora no te parecerá tan extraño si te digo que la *fe* nunca ha sido una cuestión intelectual. Cuando se establece contacto con el Creador, la Palabra (el Logos) ciertamente pasa por el entendimiento... pero el destinatario no es la cabeza, sino el corazón. La propia letra del Evangelio no está hecha para el cerebro, sino el corazón. Porque, como hemos comentado, el cerebro «traducirá» según los dictados del corazón y las imágenes que allí habitan, y responderá según el estado del corazón. Por eso un mismo oráculo os habla de distintas formas en distintas etapas de vuestra vida o por el contrario no os dice absolutamente nada. Por eso, el Evangelio a algunos les supone una revolución y a otros una estupidez. Este principio os lo enseñó en la parábola del sembrador, aquella que explicaba el resto de parábolas. El corazón es el que entiende o no entiende. El que cree o no cree. El que da fruto para Dios o no lo da. La tierra del corazón os puede hacer madres a todos o dejaros estériles. La culpa de la esterilidad espiritual no es de la semilla, sino del corazón.

La semilla es un trocito del Reino plantado en el reino de vuestro corazón, una invitación a pertenecer a algo más grande que uno mismo. Su Logos ciertamente es un mensaje, pero el mensaje es una *intrusión peligrosamente milagrosa*. Vuestro hermano Pablo de Tarso se desposó con el Evangelio y lo definía como «el poder de Dios». ¿Qué poder es ese? Lo acabamos de decir, el de una simiente que llega hasta vuestros huesos, hiere de muerte los ídolos y os saca al otro lado del Jordán, limpios como la nieve. Cuando os arrepentís de corazón asumís vuestro estado y os volvéis al modelo perfecto que es el Maestro. Su Palabra entonces «sube» desde el corazón para difuminarse por todo vuestro ser con poder.

El Evangelio es lo más ofensivo y violento a lo que puede enfrentarse el ser humano: «da aventura más arriesgada y el romance más apasionado», pero también la espada más inmisericorde, al rojo vivo y bien afilada. ¿Cómo entender esto, que el que os ama quiere derribar la imagen que esconde el corazón en lo más sensible y profundo de vosotros, atravesándolo de parte a parte? ¿Cómo entender que la espada que quiere destruir es blandida por alguien que rebosa de amor?

La salvación es un proceso, tal y como lo es la vida en un árbol: el pulso de un corazón que recoge vida y la distribuye de nuevo, y se purifica y regresa. Este principio se recoge en el cosmos que os rodea, donde todo se contrae y expande, desde lo grande a lo más pequeño. ¡El problema no es el cerebro, sino el corazón! Ninguno puede responsabilizar de su mal a un «problema de la cabeza». Lo dañado y malvado es el corazón porque el intelecto es un reflejo del corazón y de lo que sube de allí. La boca habla de lo que abunda en el corazón y la salud mental pende del corazón. Si escuchas a una persona con atención sabrás lo que tiene en el corazón, no en la cabeza. La verdadera pregunta sería: «Si nuestros pensamientos se originan en el corazón, ¿cómo se arregla el corazón para que los pensamientos sean de paz y provecho?».

Esa es la pregunta.

El Padre arregla el corazón porque habla al corazón y siembra en él Su Voz, y Su Voz es Jesús. Él es Su Voz. La Voz habla lo que pertenece al espíritu y a la verdad, y es sencilla. *Sencilla* significa directa y perfecta. No es doble. Su lengua es sencilla porque su origen es el amor: el lenguaje del amor no necesita «explicaciones» ni tiene doblez porque no se busca a sí mismo sino que busca tu bien. Cuando el Padre te habla, escuchas la Voz del Hijo; y cuando el Hijo te habla, escuchas la Voz del Padre. El Padre y el Hijo también son el Espíritu. Allí hay verdadera libertad, la *única* y verdadera libertad. Allí hay autoridad, *verdadera* autoridad.

Alberto, no hay que ser inteligente para entender, sino un *niño*. El niño se mueve bien en el lenguaje del amor y por eso es el más sabio. El niño es honesto con los dictados de su corazón: abraza el lenguaje del amor. *Entiende* porque *recibe*. De ahí que «debéis volveros y haceros *como* ellos». El corazón del verdadero niño no busca extensos razonamientos. Palpita y vive el momento con necesidad… y poco más puede hacer. Dios es una muerte extraña que da calor y vida, una *muerte vivificante*. Hay una ley de vida y de libertad que fluye de Él, y ese precepto derriba los ídolos y todo lo llena de luz inmarcesible. Sólo Dios puede cambiar vuestro corazón de piedra y hacerlo de carne, y en el día postrero (cuando todo sea juzgado por el misterio del Evangelio), los que confían en Él tendrán vida eterna, la misma vida que hay en Él y que es Él.

Preguntas por Sus caminos. Son muy sencillos: si estás con Él, sufrirás con Él. En lo bueno y en lo malo, ambas cosas serán tu porción. Si a Él lo rechazaron, a ti te rechazarán. Si a Él lo aceptaron, a ti te aceptarán. Si *recoges* con Él, reinarás con Él.

Ir en pos del Hijo del Hombre es *escuchar*, y *escuchando* se cumplen las exigencias del Sermón del Monte: «renunciar a tus posesiones interiores», «ser manso de espíritu», «tener hambre y sed de justicia», «amar al enemigo»... Todo esto no es gimnasia mental, sentimentalismo barato o doctrina religiosa. Es un descubrimiento a través de una desesperación que desespera lo bastante como para conformarse al Modelo *escuchando* al Modelo. Seguir al Maestro es la aventura del héroe: *morir* por un «bien mayor» rindiendo los oídos.

Y EL PREMIO DE LA MUERTE Y ESTE MORIR
ES CONOCER A QUIEN TE PUEDE ASÍ MATAR.

> *No entiendo qué tiene que ver tu «amor» con niños que se pudren de cáncer o de cualquier enfermedad que los carcome en vida.*

¿Sólo el adulto tiene derecho a beber de la amarga copa de la enfermedad y de la muerte? Según tu vara de medir te podría plantear la respuesta con un par de preguntas y dar por finalizada esta carta: ¿Crees que un adulto es «peor» que un niño? ¿Es «preferible» sufrir la corrupción rápidamente o lentamente? Y es que en el fondo no estás cuestionando tanto la muerte de un niño como su sufrimiento porque «niño» e «inocencia» te resultan sinónimos y por ello te resulta difícil casar «dolor» e «inocencia». La cuestión que deberías haber planteado es esta: «¿Por qué sufren los más débiles e inocentes, aquellos que no han hecho todavía nada malo o bueno (o muy poco)?; ¿qué culpa tienen ellos?»

Te digo lo que ya sabes.

Sin importar el tipo de letra o el espaciado entre líneas, la creación entera gime leyendo el mismo guion cada día. ¡El guion no cambia! Desde que la muerte reina en el cosmos el proceso se mantiene intacto. Si desatiendes durante semanas una manzana encima de tu frigorífico, lo verás. ¡Alcanza a todos por igual! Seas «bueno» o «malo», «niño» o «adulto», únicamente cambia el registro que marca el cronómetro... más rápido o más despacio, antes o después.

Nosotros, los ángeles, nos quedamos perplejos con vosotros.

A pesar de vivir sobre los rescoldos de vuestras propias decisiones, nos resulta inconcebible que siempre levantéis el dedo acusador contra todos excepto contra vosotros mismos. No queréis ser responsables de vuestras elecciones. Pero observa bien el detalle... cuando en vuestro mundo sufrís cualquier pequeña injusticia, no podéis evitar que vuestro corazón clame por restauración y restitución; y si tuvierais en vuestro poder la opción de hacer justicia cuando sufrís un agravio, actuaríais con tal firmeza que en una generación no quedaría un ser humano vivo sobre la tierra. Siendo esto así, ¿por qué Dios habría de obviar lo justo y abrazar la injusticia (aunque ciertamente primero abrazó la justicia y después la injusticia)?

En la carta anterior hablábamos del corazón y su tremenda importancia. En las primeras líneas, en «Adán y Eva» se probó vuestro corazón. Allí donde se narran las primeras cosas, en un lugar fuera del tiempo y del espacio llamado Paraíso, sacó a la luz lo oculto. Él siempre discierne. Separa la luz de las tinieblas, lo alto de lo bajo, lo profundo de lo superficial, la ignorancia de la sabiduría. Permitió que fuerais tentados para probar lo que teníais en el corazón.

LA TENTACIÓN EXISTE PARA QUE OS CONOZCÁIS A VOSOTROS MISMOS, PARA SACAR LO ESCONDIDO A LA LUZ DEL DÍA.

Pues bien, te lo voy a recordar porque los pecados de vuestros padres definen vuestro mundo hoy y, aunque hubo dos pecados distintos, ambos siguen «actuando» en todos vosotros; están bien vivos.

El pecado de la mujer consistió en creer que Dios era malo y egoísta; que se guardaba cosas que no quería dar; que erais la creación de un Dios mezquino destinada a ser sierva pero no a reinar. Es *irónico* que vuestra madre creyera la versión de un querubín que se rebeló contra su Creador precisamente por no soportar servir a un ser tan inferior como ella. Lucifer le tenía envidia, albergaba celos incalculables de esta criatura menor a las huestes celestiales. Única en su especie por su *ofensiva* debilidad (aunque era a imagen del Dios Fuerte), su destino era reinar sobre todas las criaturas, incluidos los querubines. Ah… terrible injusticia a ojos del emperador de la luz. Así que ella acabó creyendo a un mentiroso que le tenía una envidia inenarrable antes que al Creador que le había dado todo y que no puede mentir. El pecado del hombre: manufacturar el primer ídolo de la historia al que amó más que a Dios y a su propia vida. Sabiendo el precio de su elección, prefirió morir junto a ella que vivir una eternidad sin su compañía; escogió la muerte y la desobediencia antes que perder a su más preciada compañera; tomó partido por el consuelo temporal antes que el consuelo eterno; antepuso lo creado al Creador.

SI EL PECADO DE EVA FUE DESCONTENTO Y AMBICIÓN, EL PECADO DE ADÁN FUE IDOLATRAR A SU MUJER.

El resto de la historia no la ignoras.

Perdisteis el paraíso, que era el gozo de vivir en su presencia protegidos por Su mano; perdisteis el acceso al conocimiento que tiene de todas las cosas (incluido el árbol de la vida, aquel que otorga la *clase* de vida que Él tiene y la inmortalidad fruto de esa vida); por último, la tierra que heredasteis sufrió la maldición de la corrupción. Siendo señores y guardianes de lo creado y mereciendo vosotros la maldición, no os maldijo; pero sí quedó maldito el Dragón y vuestros dominios. En breve, vuestro hogar se rebelaría contra vosotros al igual que vosotros os rebelasteis contra Él y vendríais a habitar en un universo bajo el imperio de la muerte y el sudor.

Atrás quedó la pureza original donde la luz lo llenaba todo. Expulsados del Paraíso Atemporal, privados de Su vida, os dio la oportunidad de «cultivar» la tierra sujetos al reloj del tiempo, de hacer un mundo a vuestra imagen, de explotarlo y moldearlo según los antojos de vuestro corazón… pero con fecha de caducidad. Utilizasteis el conocimiento del bien y del mal para erigir vuestros imperios, esclavizaros a juicios morales, «sostener» con vuestra fuerza el mundo. Y la tierra se rebeló contra vosotros y vosotros contra ella, y luego la llenasteis de maldad y violencia. La creación empezó a retorcerse bajo el peso de la maldición de vuestra desobediencia, a revolverse contra sí misma y vuestro señorío.

Sin embargo, vuestro creador decidió daros una nueva oportunidad para empezar de nuevo y enmendarlo todo, un Diluvio que «lavó» la tierra y sólo dejó a ocho personas con vida. Noé y su familia hallaron gracia a Sus ojos, lo más selecto entre millones, un puñado de personas piadosas de donde provienen todas vuestras generaciones hasta el día de hoy… Y el tiempo ha demostrado que ni siquiera ellos lograron el requerido «punto y aparte». Es decir, no parece que en pleno siglo XXI hayáis asimilado todavía que los responsables de que niños inocentes sufran enfermedades y mueran sois *vosotros*. Los responsables de la corrupción de la tierra sois *vosotros* porque todos tenéis dentro lo mismo que vuestros padres.

¡ERES TÚ, Y TUS PADRES, Y LOS PADRES DE TUS PADRES!

«Dios podría habernos dado a comer del árbol de la vida y no maldecir la tierra, e incluso habernos dejado en el Paraíso», te oigo decir.

Si le conocieras en su pureza y veracidad, en la Majestad que es y le precede, ni se te hubiera pasado por la cabeza tal cosa. La Verdad no se puede negar a sí misma haciéndose mentirosa. El que es veraz no puede mentir. Alberto, el árbol prohibido no era un manzano o un limonero sino una elección entre vida (lo que Él había dicho) y muerte (lo que Él *nunca* había dicho). Comer de aquel árbol no sólo representaba un conocimiento que sólo le pertenece a Dios (los juicios absolutos sobre categorías absolutas), sino una rebelión consumada, una desobediencia directa para «alcanzar» a Dios usando poderes y medios ilícitos. Ante Su Majestad, las decisiones del corazón son ley y os lo advirtió claramente: «Si ingerís juicio, moriréis». Escogisteis escuchar la voz de vuestro acusador, del mentiroso y rebelde que ponía en duda el corazón de Dios y quería sentarse en Su Trono, demostrando con ello que vuestras motivaciones e ideas no estaban lejos de las suyas. Comisteis de ese árbol porque anhelasteis el potencial que parecía encerrar para sentaros en el Trono.

Voy a terminar esta carta saltándome una de nuestras normas básicas, pues tenemos prohibido compartir los juicios secretos de la Majestad con carne y sangre. Quiero que sepas que el Monarca tiene especial misericordia de los niños que sufren. Si conocierais su destino, más de uno intercambiaría su vida por la de un niño que se muere de cáncer.

> *Día tras día, bestias y hombres inocentes*
> *mueren de hambre en tu «mundo perfecto».*

«No hay inocente, ni uno sólo», a pesar de que en el principio no era así. No teníais que trabajar para comer ni sacrificar animales, sólo alargar la mano para alimentaros de *árboles vivientes* que no morían ni enfermaban. Los *animales* acudían a vosotros, no huían de vosotros. Tampoco trabajabais para subsistir; todo os era dado.

Pero aun tras vuestra rebelión nunca ha habido sobre la tierra generación sin silos repletos. Siempre ha existido suelo fértil, cosechas abundantes en algún lugar, *Egiptos* y *Josés* que han acudido a vosotros sin interrupción. A pesar de la maldición de la corrupción, la abundancia ha sido demasiado grande para que la tierra pereciera.

En su hambre les diste pan del cielo,
y en su sed les sacaste aguas de la peña.

Si suple el hambre espiritual, ¿cuánto más no cubrirá la terrenal? Él usa el hambre para saciaros y vosotros como arma de control. Las hambrunas han sido vuestro medio de exterminio recurrente, y seguiríais usándolas así si el mundo durara un millón de años más. Hambre no son pequeños cambios en el clima que, en ciertas áreas, han obligado a vuestros antepasados a trasladarse. El hambre que se soluciona viajando a otro lado no es hambre. Hambre es lo que viene con la guerra, ese holocausto de humana crueldad cuando se gestionan mal las riquezas del suelo por afanes y envidias. Hambre es lo que hizo recientemente aquel al que llamabais Stalin con los campesinos ucranianos, el granero de su propia nación cuando, casa por casa, les quitó el poco alimento que tenían para someterlos. La eliminación de millones de «compatriotas» en el *Holodomor*. Emergiendo de vuestro mar de mezquindades y rencillas, estas crisis humanas —nunca *humanitarias*, no entendemos por qué usáis con tanta temeridad un término tan falso— han aparecido tanto en zonas fértiles (la Francia de Luis XIV) como áridas (la Etiopía de hace 50 años).

Vuestra dependencia del fruto de la tierra debería «uniros» en humildad. Dada la necesidad imperiosa que tenéis de comer, debería haberos humillado para haceros volver a lo básico, a la sencillez e importancia del campo. Hasta en la prosperidad de la tierra hay una enseñanza, señal para el hombre de que algo no funciona bien en vuestro corazón.

TENÉIS HAMBRE PORQUE COMÉIS INDEBIDAMENTE, DEVORANDO CADA UNO A SU PRÓJIMO.

Los lugares prósperos de la tierra apenas han variado desde que llegasteis a escena. Os engañan con falsos mesías y escucháis a ángeles caídos enmascarados. Habéis transformado el clima en una religión, con sus sacerdotes, profetas, altares y sacrificios; y aunque no está en vuestra mano controlarlo, no os tiembla el pulso a la hora de alterar un par de líneas de la *biblia climatológica* con tal de mantener el ídolo en pie, e insistís en el asunto aunque los indicadores muestran que no os corresponde controlarlo. Es asombroso hasta qué punto el amor al dinero y al ídolo han empujado a algunos de los que llamáis *científicos* a renegar de su idolatrada razón. Mesías ciegos. Más que nunca en vuestro mundo global, la abundancia de comida es tan exagerada que su falta no se debe a la escasez del cielo. Es un auténtico *milagro* que os muráis de hambre; la semilla funciona y su infinita multiplicación también. Lo que no funciona sois *vosotros*. Como descubrió uno de vuestros sabios, alto cargo para el «desarrollo» de eso que llamáis ONU, experto en planes de agricultura para dar de comer a países empobrecidos: «La tierra tiene el poder de llenar todos los estómagos, pero es incapaz de saciar la codicia humana».

Me replicarás que, según la Biblia, Dios provoca hambres y sequías. Es cierto que Dios ha provocado sequías para cambiar el curso de la historia y empujar acontecimientos, pero todo gravitaba en torno a un plan. Sí, ha enviado plagas que han destruido cosechas y ganados, pero no ha usado el hambre como medio de destrucción masiva, sino como punzada en el muslo de vuestra fuerza. Como un poste temporal para apuntalar un plan de abundancia; no era daño por daño, sino siluetas de una empresa maestra; bosquejos de un plan mucho mayor para volveros a Él; penalidades medidas y atajadas para conseguir traeros de vuelta porque *de antemano* siempre tenía preparada una mesa a rebosar de comida. Absolutamente nada que ver con vuestras codicias y asesinatos.

Así pues, sabes la respuesta. Tal y como la enfermedad y la muerte os alcanza sin remedio, así el hambre debería empujaros al temor de Dios, a buscar su provisión, a mirar su rostro de frente. Mientras el hombre moderno se queja, consume como si ningún Creador hubiera creado su vientre y exige que llene bocas desagradecidas que muerden la mano que le da de comer. Y, a pesar de los mordiscos, ¡sigue llenando estómagos!

¿Cómo reconcilias esto con esta visión tuya de un Dios perverso y masoquista?

Esas malditas guerras
que han hecho rutina de la miseria humana,
reinas y señoras de todo lo peor.

Hay algo muy triste en tu visión de la vida, diría... una mezcla de aplatanamiento, catastrofismo y rebelión. Hace años alguien te dijo que la espada está contigo *o* contra ti, ¿recuerdas? Lo cierto es que la sabiduría del dicho no es del todo exacta. En vez de «o» es mejor usar «y».

No hay concepto del mundo cuyo hueso esté sano. Como ni siquiera su concepto de «paz» ejercita el músculo espiritual, estás autorizado a dejar de entenderla como ellos la entienden. No puedes zafarte de la guerra como no puedes ignorar el aire que respiras. Desde vuestra rebelión, la guerra no es antípoda de la paz sino el *medio* para obtenerla, el chorro de aire caliente por el que planea la paloma. El instrumento para alcanzar la paz es *siempre* el conflicto. No sólo hay guerra en vuestro mundo, sino que también la tenemos en el nuestro. Hemos sido instruidos en el arte de la guerra y combatimos. Es cosa *creativa*, Alberto, con miríadas de miríadas de ángeles a Su disposición, y capitanes de cientos y generales de miles, y con héroes del mismo modo que vosotros los tenéis.

El combate no es externo en su raíz, sino una expresión del movimiento de aquel a cuya imagen fuisteis creados; así que no puede entenderse el dilema de la guerra en vuestro mundo sin conoceros a vosotros mismos y a vuestro creador. Del mismo modo que él tiene ejércitos enteros bajo su mando, así también cada uno de vosotros dispone de un ejército en el corazón. Todos sois guerreros con huestes de pensamientos a vuestra interna disposición que no dejan de hacer la guerra al cielo, y esta es la razón por la que vuestra mejor paz es un paréntesis entre guerras, una suerte de guerra en sí misma acechando en la intimidad del alma.

Me veo, pues, en la obligación de decirte que, de nuevo, estás equivocando la pregunta. El foco no está puesto sobre los «enemigos» que hacen la guerra. La clave de la guerra es: ¿qué clase de *paz* estás dispuesto a tolerar y qué precio estás dispuesto a pagar por ella?.

DIOS CONTRA TODOS Y TODOS CONTRA DIOS, ESE ES EL COSTE.

La realidad de la paz es una guerra donde estás *obligado* a pelear en tu reclutamiento forzoso. En la batalla bajo el cielo, tú eres contra todos y todos contra ti. Que la guerra sea un oxímoron para vosotros, un rompecabezas que no podéis montar ni entender, no significa que la guerra sea injustificada o caótica. Aunque cada bando se considera justificado en sus motivos y razones aparentemente opuestos, el choque alcanza a todos por igual, es ecuánime y hace su propia extraña obra. En la guerra más sangrienta hay orden, armonía y consuelo para los caídos. Expone los corazones, acelera los tiempos, enhebra el hilo en el tapiz. Puedes discernirla en tus propios días: la mitad de tu mundo se ahoga en la maldad mientras se niega a aceptar la guerra que le ha declarado la otra mitad; y la otra mitad está siendo instrumento para manifestar la maldad ajena y la suya propia. Desde la Rebelión, vuestra realidad cotidiana y fundamento de vuestro mundo es el estado de perpetuo conflicto, interno y externo, con que os relacionáis entre vosotros y sobre todo con Dios. El *mundo* que habéis construido proviene del fragor de la lucha y está reservado para el propio fuego de la batalla. Con un enfrentamiento se inició vuestro plan de desobediencia y en otro enfrentamiento terminará (también podría decirse *termina* o incluso *terminó*) a través de un plan de obediencia.

Todo tu mundo interno y externo está al alcance de los proyectiles de la guerra, es inevitable que llegue hasta el felpudo de tu corazón y es inminente si todavía no lo ha hecho. El hombre moderno, apocado e infeliz, ha olvidado que la paz que tanto anhela tiene un coste y sólo uno, que es presentar batalla. Sé el guerrero que eres. ¡Guerrea! Porque si no luchas cada día y no ardes por la justicia, no habrá paz para ti. La pelea está servida y hay una actitud que tomar ante ella: ten hambre y sed de lo recto, busca primero el reino de Dios, anhela Su justicia y haz sus obras (desecha el pecado y vive como peregrino en el mundo), y serás un *soldado útil*. La recompensa de la paz a la que sois llamados merece el sacrificio de batirse en todos los frentes: familia, amigos, parroquianos, compañeros de trabajo; dineros, ideas, ilusiones… vuestra alma. Pero alegraos y estad de enhorabuena porque no estáis solos. El Guerrero Silencioso pelea en el estruendo junto a vosotros, hace guerra por vosotros *y* contra vosotros. Aunque tú no lo entiendes hoy ni puedes verlo, Él es la inspiración de la batalla, el motivo detrás de todo combate.

Pero no te engañes. La guerra no se sirve a sí misma del mismo modo que la violencia no puede servirse a sí misma; el conflicto siempre sirve a algo mayor y se mece en el equilibrio de una balanza contrapuesta.

Te pondré un ejemplo.

Algún judío siempre nos pregunta sobre el Holocausto, aquellos altares ardientes cuyas chimeneas elevaban cenizas humanas al cielo buscando el exterminio de todo un pueblo. Y la respuesta es tan simple que nos asombra que un hebreo se sorprenda de ello. ¡Debían ansiar volver a su hogar! En la plenitud de los tiempos, el Isaac natural debía regresar a su Jerusalén natural como señal de Dios para el mundo de su inminente venida, y la única forma de traerlo de vuelta era quitándole toda esperanza de supervivencia *fuera* de su tierra. Los hebreos de medio mundo, particularmente Europa, acomodados en su dispersión y en su inmensa mayoría bañados en riquezas y bienes, ¿por qué iban a abandonar su asentamiento en tierras lejanas para meterse en un árido agujero del desierto y construir desde cero y desde la humillación de estar «abajo»? Hitler fue el padre de la Alemania nazi para que Israel, *voluntariamente*, volviera a su hogar impulsado por su propia identidad y para que el mundo, *voluntariamente*, reconociera esa vuelta. El mundo entero tuvo que involucrarse en ese parto y pelear por Israel. ¡A pesar de las protestas de los que odian esta señal, no fue un parto artificial, sino *natural!*

Te ofrezco esta pequeña pincelada del propósito de todo conflicto para que tengas esperanza. No hay muerte que caiga en saco roto ni aparente injusticia bajo las estrellas que escape de la soberanía del General Celestial.

¿Qué busca este Guerrero? ¡La paz, por supuesto! Desde antes de la fundación del mundo, un Decreto se mueve en sus entrañas, el anhelo de su corazón al que dedicó el último y definitivo capítulo de su creación. El séptimo y último día; la Paz; el Día del Reposo. Es como si Su brazo poderoso hubiera tensado el arco, hubiera disparado una flecha mortal a la diana de la paz y la guerra durará lo que el vuelo de la saeta. Pues, en el fondo de su alma, ¡el Estratega detesta la violencia y a los hombres violentos! Al contrario de lo que piensan los que tienen el corazón incircunciso, no disfruta matando ni dañando a los hombres. No practica *eso*. Sufre cada muerte como si fuera la suya propia.

Así pues, la historia terminará en completo descanso porque la guerra no durará siempre. Hay un tiempo determinado para ella, lo que llamamos *un tiempo, tiempos* y *la mitad de un tiempo*. ¿Acaso no recuerdas cómo redujo el tiempo útil de vuestra vida a 120 años porque no estaba dispuesto a que la batalla se alargara *demasiado*? ¿Acaso no recuerdas cuando Jacob (que simboliza vuestra fuerza de voluntad) consiguió vencer a mi Señor en su *humana determinación* y Él no quiso pelear más allá del alba? Jacob quedó marcado para siempre, la bendición que buscaba fue la cojera (la debilidad para depender de Dios), pero el General se dejó vencer en «términos humanos». ¡Él mismo dijo que un hombre le había vencido! Eso no lo dice un Dios que ame la violencia y el uso indiscriminado de su fuerza, sino un Dios que sigue unas normas y propósitos tan altos como los Cielos. ¡Si supierais hasta qué punto Dios quiere descansar y su alma está hastiada de violencia! La pelea tiene su tiempo y lugar porque pertenece a la noche.

Al amanecer vencerá y la lucha terminará De una forma u otra, acabará.

No habrá guerra ni espada más allá del Alba en tanto ha provisto de descanso para sí mismo y todos están invitados, ¡y ay del que no entre en su reposo! Alberto, la historia es la que es; las criaturas sois lo que sois; y Dios no se puede negar a sí mismo. Lo creado se rebeló convirtiéndose en el campo de batalla de un Guerrero involucrado y tienes que aceptar y vivir el dilema. Vas a ser una persona profundamente frustrada si piensas por un momento que, hasta que las cosas sean completamente restauradas, puedes huir de la guerra. Pide más bien al Fuerte, con fervor, que sane tu corazón y que adiestre tu mano para la batalla por cuanto no sólo vives ya en ella sino que el llamado de todo hombre es ser *actor principal*. Vuestra encomienda es tan activa como la nuestra. Aceptad los términos de esta extraña paz: depositad la guerra en sus manos y tomad partido por este Rey que os conduce al valle de la decisión. ¡Luchad y pelead! ¡Involucraos en la batalla! ¡Pelead contra vosotros mismos! ¡Desechad los miedos! ¡Negad vuestra vida en tanto ponéis la mirada en la suya!

La guerra es contra ti *y* contra todos. Entra en ti y, una vez completada su obra, sale de ti para obrar en los demás. La *paz* es, precisamente, ese trabajo que realiza la espada, como el de un bumerán que va y viene mientras atraviesa los vientos. Como la Luna ilumina vuestra noche y el Sol os saluda en cada amanecer, así es la guerra y la paz en esta dispensación para los hijos de los hombres.

Desastres y terremotos que arrasan todo
a golpe de fuego, agua y viento.

Los elementos le obedecen. El viento, el agua, el fuego y las entrañas de la tierra siguen el sonido de Su voz y Él marca los surcos por donde discurren.

Pero debemos distinguir entre la orden antigua y las órdenes que vinieron después, del mismo modo que debemos ver la diferencia entre el símbolo y el elemento. Dios no está continuamente provocando terremotos, volcanes, incendios, inundaciones y huracanes para castigar al mundo. Los cimientos de la tierra y los elementos que le dan forma fueron extendidos y siguen sus leyes desde sus fundamentos. Los terremotos y volcanes siguen las zonas donde se tocan las placas de la corteza terrestre, y esto fue ordenado así desde el principio. Las lluvias torrenciales siguen su curso desde hace eones. Los vientos tienen sus zonas marcadas, sus ciclos y rutinas milenarias. Los calentamientos y enfriamientos globales tienen también su debida procesión, y de esto vuestros científicos dan fe.

Pero el Dios que puso al mundo en movimiento también es quien lo sustenta y tiene el derecho de intervenir en él. Pedir a Dios que no intervenga es como pedir al aire que no sople.

Volveré a otro ejemplo contemporáneo a tu época, algo cercano a ti que puedas entender.

Hay países *consagrados a Satanás,* no sólo de forma simbólica y «cultural», sino totalmente oficial y «administrativa», desde sus instituciones y gobiernos. Hay tres países que viven uno al lado del otro y han difundido el satanismo por toda América central y del sur. En Cuba, los gobernantes se han entregado a la brujería y a las prácticas ocultas, sacrificios humanos incluidos (esto lo han confesado en vuestros medios de comunicación exmilitares de sus gobiernos). La familia gobernante ha entregado el país a Satanás. A su vez, controlan Venezuela a través de brujos que aconsejan a los gobernantes venezolanos en sus visitas a la isla y que luego se han infiltrado a todos los niveles de los estamentos de poder en forma de «generales» (Venezuela tiene más «generales» en nómina que cualquier otro país del mundo, ahora ya sabes quiénes son). En el caso de este país, no sólo han practicado el ocultismo los tres últimos gobernantes en el propio Palacio de Miraflores, sino que el asunto se remonta prácticamente a los inicios de la república. Su actual gobernante ha hecho un pacto en la presencia de brujos haitianos «para entregar Venezuela al demonio durante un tiempo indefinido». Respecto a Haití, en 1791 fue consagrada durante doscientos años al mal. En abril del 2003, el presidente le otorgó al vudú el mismo rango que a las demás religiones, autorizando a sus sacerdotes para oficiar matrimonios y bautizar. En el año 2005, fue nuevamente consagrada al demonio durante otros doscientos años. ¿Te extraña que estos países se hayan sumido en la más absoluta degradación moral y económica? ¿Te extraña que Haití, el epicentro de este triángulo amoroso, sufriera en 2010 un terremoto tan espectacular como devastador? La gente se preguntaba, ¿cómo es posible que un país tan pobre y deprimido sufra estas injusticias de la naturaleza? Pues bien, provenían de las entrañas mismas de la Verdad. No puedes hacer la guerra contra Dios (y contra tu propia alma) y pensar que nunca te va a alcanzar Su mano. No puedes escupir hacia arriba y pensar que nunca va a bajar.

No, no funciona así.

Hay una historia de los antiguos que contrasta con esta historia moderna, y que haré por recordar aquí.

Tras cuarenta días de ayuno, un profeta llamado Elías peregrinó al «monte de Dios». Cuando el peregrino consiguió alcanzar su destino, se escondió en la cueva de sus miedos y desde allí presentó su queja ante el Creador. Este le dijo que saliera y se enfrentara a Dios «en el monte», fuera de la cueva, pero antes de ello el Rey descendió…

[…] Y DELANTE DE ÉL SE PRODUJO UN VIENTO MONSTRUOSO MÁS RECIO QUE LAS PIEDRAS, Y LAS ROMPÍA; PERO ÉL NO ESTABA EN EL VIENTO. DESPUÉS VINO UN TERREMOTO QUE HIZO TEMBLAR EL MONTE; PERO ÉL NO ESTABA EN EL SEÍSMO. Y DESPUÉS VINO UN FUEGO TERRIBLE QUE ABRASABA TODO A SU PASO DEJANDO UN RASTRO DE CENIZAS; PERO ÉL NO ESTABA EN EL INCENDIO. ENTONCES, VINO UN SILBO APACIBLE Y DELICADO, Y ÉL ESTABA AHÍ.

Cuando el profeta escuchó esta voz delicada, reunió suficiente valor como para salir y ponerse en la puerta de su habitación del pánico. Sin alejarse demasiado de la «seguridad» de sus miedos, se cubrió la cara con su manto y se atrevió a repetir sus quejas y temores desde la puerta. Con el alma deshecha, lleno de miedo a causa de sus perseguidores, ahora como profeta temblaba ante el Creador. La misma sangre en sus venas, el mismo barro débil que todos vosotros, pero escuchó la Voz que anunciaba el silbo apacible y su corazón se calmó y fortaleció.

La historia del profeta peregrino de la cueva resuelve los dilemas de la humanidad en su enfrentamiento con el Rey, y culmina cuando Dios desvela uno de los mayores misterios que haya dado al mundo. Al profeta aterrado, quejumbroso y apaleado por la vida y por los hombres un misterio le es desvelado. Una *revelación* le es dada.

De ese mensaje hablaremos otro día, pero, ¿ves la diferencia entre el desastre y la Voz? El desastre no habla ni edifica. Es la Voz que viene tras el caos lo que necesitáis oír, y el caos golpea para enfrentaros a la anarquía de vuestro pecado para que os arrepintáis. No hay nada más importante que la Voz. La conquista es por el Verbo, por la Palabra, por la Voz, por aquello que alguno de los vuestros se atrevió a llamar «la locura de la palabra». La locura del predicado que habla al corazón. No por la fuerza del fuego, del temblor, del viento… del desastre. Eso sólo anuncia su venida inminente, es el bocinazo, pero Él no está ahí. Los desastres y terremotos pueden «abrir camino» porque los elementos no sólo le obedecen, sino que «sucumben» ante Él. Son manifestaciones del temor reverente de la tierra ante la presencia de este que lo llena todo, pero Él no es *eso* ni está en *eso*. Su deseo es abrir un canal de comunicación en quietud y confianza, una línea directa de comunicación corazón a corazón.

Así que la pregunta es… ¿quién busca la Voz, tan dulce y apacible, y al mismo tiempo tan refinada como el oro más refinado? ¿Quién busca la Voz tras el terremoto, el fuego, el agua y el viento?

¡¿Quién?!

La gente sin afecto.

Sin dudarlo…, y no estamos hablando de personas poco *simpáticas* o *cariñosas* sino de otra cosa.

Se enmarca más bien en el misterio de los «tiempos difíciles» dentro de los «últimos días», y es muy importante que entiendas que «últimos días» son aquellos situados entre la revelación del Salvador y su inminente venida, para nosotros apenas dos días que vosotros llamáis dos mil años. Aunque Saulo de Tarso vivió el embrión de los «tiempos difíciles» dentro de esos últimos días y vosotros estáis viviendo la planta ya desarrollada, el dilema es el mismo. Cada generación durante estos 2000 años lo ha vivido. El apóstol habló de ello en la segunda carta que envió a su amigo Timoteo. Así que completaré tu «gente sin afecto» con lo que Pablo os reveló, eso que ya estaba viendo, experimentando e intuyendo en su propia generación.

En el mundo en el que vives, antes de la venida del Señor, las personas…

…serán profundamente egoístas, vivirán completamente centradas en sí mismas, amando desproporcionadamente su ombligo; y, entre muchas otras consecuencias, su mayor amigo será el dinero.

…serán arrogantes, soberbias y despectivas, difamando y burlándose de todo y todos, no sólo con su lengua, sino con su corazón.

…desobedecerán a sus progenitores, y serán desagradecidas, irreverentes y profanas.

…no tendrán afecto natural y se harán crueles al punto de deshumanizarse; se harán implacables en sus tratos con los demás, sin admitir tregua ni conciliación en sus conflictos con el prójimo. Se habrán *desnaturalizado*.

…serán calumniadoras, acusando falsamente a los demás sin remordimientos y dañando la reputación de otros a sabiendas de que mienten.

…no tendrán templanza ni moderación; desprovistas de freno alguno en su moralidad y conducta, su corazón se opondrá con saña y rencor a lo recto.

…serán traicioneras e impulsivas, infladas y ahogadas en su propio engreimiento.

…amarán toda la mundana sensualidad y todo entretenimiento vano hasta tal punto que harán un ídolo de ello, amándolo por encima del amor que deben a Dios.

…siempre hablarán de aprender cosas *nuevas* pero nunca dejarán de resistir a la verdad; su mente se habrá corrompido y su necedad será tan grande que, a la postre, se hará cosa obvia a vista de todos.

¿Se asemeja este cuadro a los tiempos que estás viviendo? ¿Ves alguna similitud?

Pero lo más fantástico y asombroso de los «tiempos difíciles» dentro de «últimos días» no es esta lista de cosas, sino que los que viven así serán capaces de manifestar una apariencia de piedad ante los demás. Estas gentes toman el nombre de *bienhechoras, caritativas, humanitarias...* y otros igual de ciegos los considerarán también así.

Por ende (escucha bien esto), el «nivel de engaño» es lo que distinguirá los «tiempos difíciles» dentro de los «últimos días». El Señor va a venir a un mundo que llena la copa del colmo de la maldad mientras cree estar llenando el colmo de la bondad. Date cuenta que la señal de los «tiempos difíciles» no consiste en esos pecados (todos ellos muy propios del hombre caído y que siempre han actuado en vosotros en mayor o menor medida), sino que el hombre que vive así tendrá un inagotable barniz de piedad. La señal de los últimos tiempos será una mayúscula *hipocresía* que habrá alcanzado cotas aterradoras, siempre acompañada de este sello característico: <u>resistirán a la verdad</u>.

¿Cuál es la solución? Lo dijo Pablo a Timoteo en una breve carta de carácter muy personal escrita hace casi 2000 años:

APÁRTATE DE ELLOS... ACEPTA EL DIVORCIO.

En los «tiempos difíciles» dentro de los «últimos tiempos», la separación entre hijos de la luz y de las tinieblas habrá de ser más pronunciada e intensa que nunca. La ruptura será más fuerte que nunca en vuestra historia y guardará paralelismo con los días de Noé y de Lot. Esta separación no es externa, pues del mundo no puedes escapar metiéndote en una ostra, sino *interior*. Es un divorcio del corazón. Hoy, más que nunca, este apartarse es radicalmente necesario. Hoy, más que nunca, aquellos de vosotros que busquéis el rostro del Hijo Amado y améis su venida debéis separaros y no *casaros* con este mundo completamente engañado y engañoso.

Él busca en vosotros un divorcio absoluto y total, un corazón separado del mundo y de los ídolos. Es un Gran Divorcio, un divorcio interior.

Esta interminable plaga de gobernantes
que van sembrando a su paso injusticias
sin vergüenza alguna y lo corrompen todo.
Tiranos repugnantes cuyo objetivo siempre
es el eslabón más débil y que siempre se
refugian detrás de su maldad: se ceban
con nosotros y siempre pagamos los mismos.
¿Sabes lo que es estar indefenso en manos
de esta gente? ¡Tú qué vas a saber!

Hora es para hablar de la palabra que recibió Elías en la montaña. ¿Recuerdas aquella carta donde mencioné esto?

Elías no era un cualquiera, sino profeta de profetas. Y el mayor símbolo del poder celestial de Dios sobre la tierra hasta aquel momento recibió la mayor revelación de su vida gracias a los «tiranos repugnantes» de su época. Una palabra *nueva*, algo que desconocía.

Y allí queda respondida tu queja.

En la misma desesperación en que vosotros vivís, los que tenéis «hambre y sed de justicia», acudió a Dios lleno de miedos y problemas por culpa de unos gobernantes malvados y crueles que no sólo estaban pervirtiendo la nación, sino que querían matarlo. La respuesta de Dios consistió en nombrar tres *testimonios* o *reyes* para enseñar sin lugar a dudas que el Reino de Dios gobierna sobre la tierra, guste o no. *Hazael*, un rey en Siria para el mundo de incrédulos, aquel que reina para Dios incluso entre los que lo odian y desprecian; *Jehú*, un rey para los que supuestamente invocan Su nombre, que es el mundo religioso; y *Eliseo* como sucesor de Elías en ese testimonio celestial tan especial, un nuevo heredero dentro del oficio perfecto que habría de superar al propio profeta de profetas en el testimonio más alto de Dios sobre la tierra (un nuevo testimonio de Dios sobre la tierra, siguiendo el camino e imagen de Elías, pero más extraño y poderoso). Y fíjate bien lo que sucede. La idea detrás de estos tres reyes no es «destruir a los malos gobernantes». Esto tiene más de «efecto colateral» o «consecuencia natural» que de objetivo principal, algo así como «el tren pasa por Albacete y allí se bajan y suben pasajeros, pero el destino es Murcia». No, el plan de Dios se descubre y es una idea completamente nueva y radical:

QUE QUEDEN EN ISRAEL SIETE MIL, CUYAS RODILLAS NO SE DOBLEN ANTE BAAL Y CUYAS BOCAS NO LO BESEN.

Dios ha estado preparando durante siglos a esta compañía en medio del mundo, a este «remanente fiel». En este plan el número siete mil es un número simbólico, habla por sí mismo «mil veces siete». Mil representa «multitud, gran cantidad», y el número siete «perfección, plenitud». ¿Cómo consiguen estos *tres reyes* que queden «siete mil fieles»? Estos tres «representantes de Dios» preparan «un pueblo dentro del pueblo» destruyendo lo que a Dios no le agrada en tres áreas interconectadas: el mundo-cosmos (el cuerpo, que es el «mundo material»), el mundo-religioso (el alma, reflejado en «el alma del pueblo de Israel») y el mundo-celestial (el espíritu, el de aquellos que caminan en el Espíritu). ¿Y por qué en estas tres áreas? Porque los ídolos se yerguen en todas ellas: mundo físico-terrenal (por ejemplo, la figura de un líder); mundo de las ideas (una ideología, filosofía, religión o teoría humana); y mundo espiritual-celestial (el más cercano al Reino, los ídolos dentro del hombre que pertenece a la casa de Dios). Y de este gobierno y disciplina sin escape posible surge un «pueblo a la verdadera medida celestial». Un pueblo minoritario, una *manada pequeña*, «la décima parte de la décima parte».

Y EL QUE ESCAPARE DE LA ESPADA DE HA- ZAEL, JEHÚ LO MATARÁ; Y EL QUE ESCAPARE DE LA ESPADA DE JEHÚ, ELISEO LO MATARÁ.

Esto es lo más cercano a un «genocidio universal» en tres niveles o etapas, y eso es exactamente; la promesa de una obra interior ineludible, una *muerte interior* que actúa incesantemente en los hombres hasta que Dios tenga lo que busca. Dios no dice que esto pasará solo con los «gobernantes malos» ni «temporalmente». Es general: en «todos» y en «todo tiempo». Es un juicio para las naciones y para el pueblo que dice amarle para alcanzar la pragmática (e incomprensible) meta de Dios, que es «sacar de él un grupo de personas perfeccionadas». El mundo baila al son de este propósito eterno… y no lo sabe. Todos están trabajando para el plan Dios… y no lo saben. Es una gran ironía que nadie pueda escapar del conflicto: bien trabajas para tu propia salvación, bien trabajas para la salvación de otros. ¡Pero siempre trabajas para Dios!

La principal batalla de la fe consiste en vivir con la certeza de si realmente Dios es Dios, la píldora harto difícil de tragar de la soberanía de Dios. ¿Es «Dios Omnipotente» solo cuando graciosamente los hijos de Adán «se portan bien»? No parece fácil creer en que Dios es Dios cuando el mal se cruza en nuestro camino y nos abofetea. ¿Dónde está Dios cuando un borracho estrella su coche contra mi hija y la mata? En el orbe angélico sufrimos una enorme pérdida cuando nuestro líder, el más hermoso de entre todos nosotros, el guardián de la luz, se envaneció y se levantó contra el Trono. Todos los que nos mantuvimos fieles nos hicimos la misma pregunta: ¿Hasta qué punto y hasta cuando tiene *derecho* el Dios bueno y omnipotente a permitir que Lucifer esté suelto? Comprendimos que no podemos darle ni quitarle *derechos* a Dios. Si Dios es bueno y omnipotente y hay mal en el mundo, entonces ni millones de males y diablos son incompatibles con un Dios bueno y omnipotente. Ha condenado el mal, ha profetizado que acabará con el mal, quiere librarnos del mal a ángeles y hombres… ergo si Él permite el mal *durante un tiempo determinado y limitado* es porque sirve a un plan mayor.

Cierto. Podríamos denominarlo «Dios masoquista» si se complaciera o disfrutara del mal, si se relaciona con el mal de ese modo. Pero detesta el *mal* del mundo, y mira bien lo que te digo…; ¡lo detesta tanto como el *bien* del mundo! El mundo trastoca el bien y lo convierte en mal, y trastoca el mal y lo convierte en monstruosidad. No hay *bien* en el mundo; no pueden producirlo porque detestan y rechazan al Bueno. Así que todo el *bien* que el mundo ha pretendido hacer ha acabado corrompido y convertido en *mal*. Conocer el bien y el mal no hace *buenas personas* porque pretendéis ser buenos sin escuchar ni obedecer al Bien. Conocisteis el bien y el mal escuchando una mentira, ¿y creéis que podéis gestionar ese conocimiento? Si esto no bastara, el mundo vive ignorando las maquinaciones del mal y el plan del Bien. ¿Hay mayor ignorancia? Es cierto que el conocimiento de ambos convive en un mismo árbol, pero una cosa es predicar pan y otra cosa dar pan. Incapaces de *construir* el bien separados de Dios, incapaces de incluso ver el mal que hacéis, ¿qué bien podréis conservar cuando lo trastornáis en mal?

La esperanza es que mi Señor preparó la solución por anticipado, y esta es la solución de su omnipotencia: que el mal está derrotado desde antes de la creación del mundo; que en un Cordero puro preparó una muerte absoluta antes de poner los cimientos del mundo; que por Amor solucionó el mal antes de que siquiera hubiera posibilidad de ser manifestado.

Una cruz enorme color ceniza llena el horizonte; el tiempo y el espacio se inclinan ante ella porque todo ha sido sometido a ella. Esa sangre, ese sacrificio, no tiene precio. Podrías dar el mundo entero a cambio de una gota de esa sangre y se mofarían de ti. Enfermedades, pestes, terremotos, hambrunas, desastres naturales… Sí, esto es Dios manifestándose al mundo buscando su arrepentimiento.

¿Y cuál es vuestra responsabilidad? ¿Qué hacéis vosotros?

FORNICACIONES (entregar el alma a los ídolos), HURTOS (arrebatarle al prójimo lo que Dios le ha dado), HOMICIDIOS (quitarle la vida al prójimo sin razón alguna), ADULTERIOS (engañarte a ti mismo rompiendo el pacto más sagrado), AVARICIAS (buscar en lo ajeno lo que nunca podrás incorporar a ti mismo), ENGAÑOS (mentir a otros, a Dios y a ti mismo), SENSUALIDADES (mentiras que no pueden salvar), ENVIDIAS (no te basta Su generosidad), MALEDICENCIAS (hablar mal de otro para destruirlo mintiendo), SOBERBIAS (creerte mejor que Dios), INSENSATECES (creerte más sabio que Dios)… MALDADES (resto de cuestiones).

¿Y qué utilidad hay para Dios en todo esto? Que manifiesta la maldad e ineficacia respecto al *bien* de aquellos que se levantaron contra Él en sus propias obras de muerte. Toda esta lista que te acabo de escribir es de las pocas alusiones prácticas que citó el Maestro acerca de la maldad que engendra vuestro corazón; una montaña de obras malas que se han ido acumulando día tras día durante miles de años. Un gran testimonio y oportunidad para buscar el bien mayor, ¿no te parece? Todo es *útil* para Él, todo es *para bien* para los que le aman.

Por esto, escrito está:

BUSCADME Y VIVIRÉIS.

Y también:

EL QUE GOBIERNA A LOS HOMBRES CON JUSTICIA, EL QUE GOBIERNA EN EL TEMOR DE DIOS (y este es Jesucristo), ES COMO LA LUZ DE LA AURORA CUANDO SALE EL SOL EN UNA MAÑANA SIN NUBES TRAS LA LLUVIA, QUE HACE RESPLANDECER LA TIERNA HIERBA DE LA TIERRA.

Se envenenan con sustancias
que corroen la vida.

La drogadicción y el alcoholismo son indicadores que predicen con bastante precisión la necesidad de Dios de una persona, casa, barrio… e incluso nación. Cuanto más alcohólicos y drogadictos tenga un país, con mayor intensidad sus ciudadanos están pidiendo la ayuda y presencia del Santo Espíritu. Aunque el drogadicto necesite algo más fuerte y rápido para evadirse que el alcohólico, ambos desesperan de sí mismos. Curiosamente, no se envenenan porque la sustancia en sí misma sea mortal o porque Dios no haya creado esa planta que, fermentada o tratada, produzca *ese* efecto en la mente humana, sino porque se equivocan de diagnóstico. El alcohol procura «celebración», «chispa», «alegría», «trascendencia». En las sustancias psicotrópicas hay una desconexión de lo *terrenal* para alcanzar lo *espiritual*. La mente que tanto dolor y sufrimiento os causa, puede «volar», «desconectarse». Dios ha creado este efecto que proviene del Cielo. ¡Esas sustancias las diseñó Él!

El problema no es la existencia de ese efecto liberador, sino la *huida en falso*. El adicto quiere escapar pero nunca escapa. Se aficiona a huir hacia ninguna parte… pero no puede salir de sí mismo.

Acostúmbrate a no huir.

El problema real *nunca* es la circunstancia. El engaño es el corazón humano, su cobardía innata que busca desesperadamente huir del dolor realmente creyendo que se puede escapar de uno mismo o de Dios. No puedes cambiar en nada tu estatura. Todo eso que tanto dolor te causa no tiene otro propósito excepto que acudas a Dios. Las circunstancias no están *diseñadas* para que cambien por tu propia fuerza o brazo, sino para que las ofrezcas a Dios, para que acudas a Él con ellas. No hay poder en la tierra para cambiar una sola coma de tu circunstancia… cambiarla de verdad, claro, no pegarle encima un parche de color distinto al anterior. La historia se repite: el conocimiento del entorno, los descubrimientos científicos, el lenguaje, las modas, la música… el envoltorio es distinto pero lo de dentro sigue igual. El único cambio *sustancial*, el único poder disponible para cambiarte *sustancialmente* es una extraña *sustancia* con efectos opiáceos, la única droga que te puede sanar y hacer olvidar. El alcohólico y el drogadicto sólo necesitan beber del Líquido Rojo, un pequeño sorbo nada más puede gestionar el problema. Esto es enfrentarse a la Verdad que es Dios y, por tanto, a uno mismo.

Es un acto de valentía porque es un acto de fe…

«ESTA ES MI SANGRE; BEBEDLA PORQUE CON ESTA SANGRE HAGO UN PACTO CON VOSOTROS, UN NUEVO PACTO DE VIDA…».

¿Qué es beber de esa *Copa de Vino*? Es aceptar con toda su crudeza que no puedes cambiar absolutamente nada. Que ni tú mismo ni tus circunstancias tienen solución. Que no puedes cambiar un ápice o una coma. Aceptar, al fin, la imposibilidad. Los millones de libros de *autoayuda* que se venden cada año pueden describir los efectos del *problema* en tu cuerpo, mente y alma… pero no hay más. Sin Vino no hay Pacto de Vida, no hay resurrección. Estas cartas no son la solución, querido Alberto. Ni siquiera la Biblia. No hay libro en el mundo que pueda salvarte de ti mismo. Pero tu fe puede salvarte. Fe en el Logos, en el Hijo del Hombre, en que su Sangre es una *droga* restauradora, una sustancia única y mágica que hace olvidar y sana la herida *de raíz*.

Alberto, necesitas pararte y abrir el corazón a Dios. Confesar es aceptar delante de tu Creador esa desesperación de la que huyes desesperado y ser honesto. Cualquier niño lo puede hacer, así que no digas que no puedes hacerlo. El adulto más sabio dice que le resulta imposible hacer una cosa que el niño más torpe puede hacer en un momento. ¡Qué dureza de corazón!

Dios ha preparado una droga potentísima. La savia de este Árbol produce hojas y frutos que os serán entregados para sanaros. Un Árbol con savia roja prodigiosa. ¡Un Árbol *vivo*! El alma angustiada del hombre desesperado puede ser sanada… pero no se puede liberar a un hombre espiritual con productos terrenales. Es imposible, por mucho que insistas. Se puede aliviar temporalmente lo terrenal con un producto terrenal, se puede *mitigar el dolor natural*. Drogas y alcohol, y toda una industria farmacéutica, y toda una industria del entretenimiento, y toda una industria de la moda, y toda una industria del sexo. Puedes mitigar el dolor, puedes usar productos naturales diez mil veces en cien mil recetas y perspectivas diferentes… pero no puedes liberarte. Y el hombre seguirá sin alcanzar su ansiada meta.

No huyas por mucho que duela.

Bebe la Sangre:

La certidumbre de tu imposibilidad y la comunión en el Pacto de la Vida.

Utilizan armas que destruyen
tantas posibilidades.

En una carta anterior hice mención de una madeja personal que debe desenrollarse y de la que nadie puede escapar, que son los enemigos interiores del hombre. Lo reconduciré aquí a algo más práctico y cercano. ¿Cómo perder el miedo a estas maravillas tecnológicas que pueden destruir el mundo entero en unas horas o a estas pequeños ingenios portátiles que tan fácilmente (y asépticamente) destruyen vidas? Es un asunto de enfoque, y la visión centrada en lo terrenal no puede otear más allá de lo terrenal porque no tiene otro horizonte. Vuestras armas no sirven para dirimir el verdadero conflicto entre Cristo y sus enemigos, aquel que sucede en vuestro interior y por encima de vuestras cabezas donde el enemigo teme al que confía en Dios y se refugia en Su justicia.

En la auténtica guerra
se blanden armas *vivas*.

Un pensamiento magnífico. El hombre, corrompido y malvado, puede ser un utensilio vivo en manos de la justicia. Este ser débil, lleno de espantos y dolores, un arma útil en la batalla de los siglos. La verdadera batalla… la *extraña* lucha donde el arma más potente no tiene fuerza ni ingenio ni planes de guerra sino que le basta saber quién es el verdadero enemigo y cómo enfrentarse a él. Te recordaré lo que el Espíritu enseñó a Saulo de Tarso en su práctica diaria y que él transmitió a los creyentes de la ciudad de Éfeso. Recuerda: un hombre odiado, azotado, apaleado, perseguido y dado por muerto varias veces por fuerzas *terrenales:*

> MIS ENEMIGOS DETRÁS DE LOS HOMBRES SON LOS PRINCIPADOS Y POTESTADES, LOS GOBERNADORES DEL MUNDO TENEBROSO, LAS HUESTES ESPIRITUALES DE MALDAD EN LAS REGIONES CELESTES. Y MI FORMA DE PELEAR CONTRA ESTOS EJÉRCITOS ES MANTENER MI POSICIÓN.

Ahora bien, visto el dilema diario, sé que piensas que es más fácil decirlo que hacerlo, pues me dirás, ¿y cómo resisto la fuerza arrolladora de un enemigo que parece incansable e invencible en la esfera terrenal?

Hay una armadura invencible.

¡No es cualquier cosa! Es una armadura celestial, su construcción es celestial, sus materiales son celestiales. No es de la tierra. No la inventó ni proyectó ningún hombre, sino que la forjó el Herrero Eterno con materiales incorruptibles. Es para cada uno de vosotros y os dice que os metáis *dentro* de ella. Recuerda: no es tuya, sino de Dios. Viene de Él… y te la pones para *resistir,* no para ganar. En esta guerra, ser soldado no consiste en destruir a las huestes malvadas ni elucubrar un elaborado plan de ataque a tres flancos ni diseñar una eficaz defensa. No. Hay una simple armadura que lo hace todo por ti y te defiende para que «permanezcas firme» en esta actitud de firmeza que Él pide de vosotros. Nada más.

Solamente estar en pie, sin retroceder, *dentro* de la protección que brinda este armazón. ¡Sólo estar firme con su armadura puesta! Esta es la misión del soldado, de la oveja-guerrero.

Analicemos esta armadura celestial que consta de seis elementos y de un séptimo que los engloba a todos y son su cumplimiento:

> ESTAD FIRMES, PUES, CEÑIDOS LOS LOMOS (DE VUESTRO ENTENDIMIENTO) CON LA VERDAD, REVESTIDOS CON LA CORAZA DE JUSTICIA, Y CALZADOS LOS PIES CON EL APRESTO DEL EVANGELIO DE LA PAZ, EN TODO TOMANDO EL ESCUDO DE LA FE CON EL CUAL PODRÉIS APAGAR TODOS LOS DARDOS ENCENDIDOS DEL MALIGNO, Y ACEPTAD EL YELMO DE LA SALVACIÓN Y LA ESPADA DEL ESPÍRITU, QUE ES LA PALABRA DE DIOS, ORANDO EN TODO TIEMPO EN EL ESPÍRITU MEDIANTE TODA ORACIÓN Y SÚPLICA, VELANDO TAMBIÉN PARA ELLO CON TODA PERSEVERANCIA Y SÚPLICA POR TODOS LOS SANTOS.

Primero, la **verdad**. La mente debe estar «atada» a ella… decirse la verdad a uno mismo es el primer paso, ponérsela como un cinturón bien ceñido como hacen los guerreros. Estar en la verdad y permanecer en ella es *practicarla*. No creas que esto es una tontería. La inmensa mayoría vive en la mentira, así que ni siquiera da este paso. Solo practicando la verdad el hombre se da cuenta de que Dios no puede tener negocios con un mentiroso; y de igual manera que el aceite y el agua no pueden mezclarse, así llega a saber el hombre que practica la verdad que Dios no puede tener comunión con la mentira. **Esta verdad es Cristo en vosotros.**

Después, viene el pectoral de **rectitud personal** que protege el corazón y resto de órganos vitales. No puedes ser soldado si vives entregado a la práctica del pecado; Él puede usar a cualquiera que practica la inmundicia para mostrar los frutos de la carne, pero el soldado debe ser recto. No legalista sino recto y, por tanto, cosa imposible de fingir. **Esta rectitud es Cristo en vosotros.**

El calzado que cubre los pies (que aquí representan vuestra voluntad) es **la preparación del Evangelio**. Esta obra del *Evangelio* os prepara. Las buenas noticias de que hubo uno que, siendo en forma de Dios, se humilló y vino al mundo como cualquier otro hombre para derramar su vida, morir donde tú deberías morir y librarte de la ira inevitable… estas *buenas noticias* preparan tu alma, te hacen estar alerta, son una disciplina en sí mismas. Caminar con estos zapatos prepara tu existencia para tu verdadero futuro, el que Dios está preparando. **Este Evangelio es Cristo en vosotros.**

Después tienes el escudo de **la fe**, aquella semilla divina plantada en ti de la cuál ya hablamos, esta «certeza de lo que no se ve» que te protegerá de las flechas del enemigo. En cualquier circunstancia, la fe es un escudo impenetrable. **Esta fe es Cristo en vosotros.**

A continuación viene el yelmo de **la salvación**. Protege la cabeza, es decir, vuestro entendimiento y el espíritu de vuestros pensamientos, que es vuestro punto más débil. El escudo de la fe también puede proteger la cabeza; pero la cabeza es un punto tan endeble y fácil de quebrar (y al mismo tiempo tan vital) que un ataque por la espalda puede sortear el escudo sin dar tiempo a levantarlo y podría herir gravemente al portador. Es una protección para este lugar tan débil donde más le gusta trabajar al enemigo con sus burlas y ataques inesperados. La salvación consiste en dos cosas aparentemente opuestas; es una obra terminada y asegurada y, al mismo tiempo, un proceso continuo de transformación hasta el fin de vuestros días. **Esta salvación es Cristo en vosotros.**

Por último tenemos la espada, el único arma de ataque de la cuál ya hablamos anteriormente, que es la **palabra de Dios**, lo que el Padre ha dicho y sigue diciendo *en* la persona del Hijo. Es un arma de muerte que provoca heridas enormes a los enemigos del hombre porque, cuando es esgrimida, convoca el poder de su origen y hiere a los enemigos del alma, tanto externos como internos. Puede que por fuera no lo veas, pero lo que Dios dice hiere de muerte a tus enemigos. Si te das cuenta, el enemigo usa flechas encendidas, un arma de ataque a distancia; en cambio, el arma que Dios os proporciona conlleva un cuerpo a cuerpo, el noble arte de la espada. **Esta espada es Cristo en vosotros.**

Bien. Así que el trabajo consiste en «ponerse» esta armadura celestial para así «resistir»… y esta armadura es «Cristo en vosotros». ¿Y cómo se hace esto en la práctica? ¿Cómo te metes dentro de algo que no se ve? ¿Cómo es esto de «Cristo en vosotros»? La respuesta está al final de la enseñanza. Hay un séptimo elemento que lo engloba y cumple todo. Estar firme y ponerse la armadura se cumple y manifiesta en esa palabra misteriosa: *Oración.*

La oración está lejos del tedioso ritual que las religiones practican y enseñan a practicar, normalmente limitados a oraciones memorizadas o al uso de una estructura o lenguaje repetitivo. Orar es *ponerse* la armadura celestial en la intimidad y obtener sus «beneficios». Es el cimiento de un templo por descubrir, un negocio silencioso en presencia del silencio que exige reposo y construir una relación en confianza. Es un Sabbath interior que honra el séptimo día de la única forma posible, que es unirte a este Reposo. Es el *qué* y el *cómo,* abrazados. Es Dios mismo impreso y difuso en el alma humana. Es una unión en desnudez…; y como resulta imposible orar de verdad sin desnudarse, se reduce a una actividad privada que en muy raras ocasiones se hace pública:

> ENTRA EN TU HABITACIÓN INTERIOR, CIERRA LA PUERTA Y ALLÍ HÁBLALE EN LO SECRETO.

¿Sería cosa extraña que la única forma de comunicarte con el Amor fuera amarle de corazón y usar con Él su propio lenguaje, que es el lenguaje del amor? Orar es *intimar con Dios*, sin importar la medida de intimidad. Algunos son capaces de desnudarse más que otros, pero desnudarse para amar a Dios será siempre algo personal y *muy* privado. Esto no es público ni para el público; y no se enseña porque es difícil enseñar métodos para amar sin caer en frivolidad o escándalo: cada uno tiene su manera y tiempo. Por ser cosa tan privada y amorosa, nadie enseñó a orar excepto el Maestro. Lo hizo en una sola ocasión y no como una receta que aprendes de memoria para recitarla; la enseñanza no es «orad repitiendo esto», sino «orad *así,* de esta manera». El mejor símil con una actividad terrenal sería algo así como «la actitud de desnudarse para acercarte a tu amante e intimar con él».

El Padre Nuestro es una parábola: se limita a poner en marcha el motor. Dice que hay que **desnudarse** ante Dios para amarle, **alimentarte** del Hijo, **perdonar** las ofensas de otros contra uno mismo (en un mundo que está lleno de ellas) y así ser libres del mal, ese del que cada uno es responsable y tiene dentro de sí. La conexión más grande que un hombre puede experimentar con el Cielo es tener la experiencia de ser bañado y saturado del Santo Espíritu, el Espíritu que habitó en Jesús y le llenó de poder y gracia; pero la segunda mayor (en realidad relacionado con lo anterior) es absorber las palabras que Él ha dicho, las que te desnudan y conectan a Sí Mismo. Así pues, la forma más práctica y fácil de orar es sencillamente leer las Escrituras porque te unen a Su voz, al eco de su Voz a través del tiempo… y a generaciones enteras que han leído las Escrituras como forma de unión con Dios.

La oración tiene secretos, y son los secretos de la desnudez. David, el rey cantor, se desnudaba ante Dios, así que David descubrió muchos secretos de la intimidad de Dios. Tiene un lado místico y un lado práctico, «oración y súplica *en* el Espíritu», siempre dos caras de una misma moneda. Primero se ora; después se puede pedir. Os insistió en ello. «NO HABÉIS PEDIDO, PERO AHORA PODÉIS PEDIR»; lo cuál significa que hay un tiempo para pedir, que es <u>después</u> de intimar con Él, después de conocerle. También indica un lugar: no sucede en la imaginación o en los entresijos de la mente carnal, sino «**en** el Espíritu». Hay algo hermoso cuando conectas con tu Padre que te ama y te escucha: pides. Si tienes un Padre que te ama, obviamente le pides porque no son pocas las oportunidades donde necesitas que el Cielo provea para ti. De hecho, son continuas e inagotables ya que «NADA PODÉIS HACER SIN MÍ».

Desea que pidáis. Oración *y* ruego, conexión *y* petición, caras de una misma moneda, en ese orden específico.

¡Oras para desnudarte!

Y la desnudez te conecta con él; honrándole; comiendo de Él; perdonando y siendo perdonado. Orar te libra del mal, y esto no quiere decir que no sufras persecución en tu hombre exterior, sino que el mal no alcanza tu hombre interior. Imagínate ser libre del mal en el interior. Es el paraíso, y es el primer paso. El segundo es pedir porque después de intimar con Él sabrás qué pedir; cuando «conectas», pedir es tan natural como si formaras parte de un todo. Pero no puedes pedir «adecuadamente» sin primero conectar. Cuando eras niño tus padres naturales (esto solo se aplica a los que tienen padres *normales*, claro está) te proveían de todo cuanto necesitabas... pocas veces tenías que pedir algo «concreto», pero incluso entonces te escuchaban y, si consideraban la petición razonable y adecuada para ti, procuraban dártelo.

Es igual con el Señor.

Orar es cosa de dos. Una vez conectado, es decir, humillado, pedirle ya no es una «aventura aleatoria» ni un «fracaso casi seguro» tal y como se piensa cuando no hay una conexión previa, sino una consecuencia normal del acto de unión. Pedir se convierte en algo orgánico, natural, e intensifica la desnudez del alma. Imaginemos a un rey poderoso y limpio de obras, y el alma como esposa yace con él. Al intimar con Él y pasar tiempo con Él, ella ve sus propias necesidades y quiere pedirle, pero al principio no se atreve para no molestarle y por resultarle un tanto embarazoso. Pedir adecuadamente implica una desnudez aún más profunda que orar porque el alma (ya desnuda) tiene que superar cierta «vergüenza» adicional, que es la vergüenza del mendigo que pide para comer y no tiene nada, ¡ni siquiera ropa! Hay que superar también ciertos obstáculos de «incredulidad» porque la confianza suele ser frágil por la debilidad de la carne. Pedir de verdad a Dios propone una desnudez dentro de la desnudez, pero la vergüenza queda atrás si se da el paso.

Pedir así es un ministerio natural, sencillo, la consecuencia del que ora, y siempre es «dejar en sus manos», las manos que pueden y saben actuar. Este ministerio no debería sufrir ciertas interferencias, es decir, no debería confundirse con los tiempos y formas en que Dios contesta. Hay veces que la respuesta es inmediata; en otras ocasiones se dilata en el tiempo, incluso queda fuera del ámbito de vida terrenal. Hubo hebreos que murieron pidiendo a Dios que se acordara de ellos en su dura esclavitud en Egipto, soportando látigos en sus espaldas y el asesinato indiscriminado de sus bebés. Dios les escuchó perfectamente la primera vez que pidieron ser librados, pero la respuesta se dilató en el tiempo en una situación que nadie hubiera juzgado amable ni bondadosa. ¡Transcurrieron ochenta años de un aparente «Dios no nos oye»! Toda una generación tuvo que soportar aquella situación límite hasta que Dios actuó.

El Príncipe arremangó Su brazo a los ochenta años de nacer Moisés (precisamente uno de aquellos bebés que iba a ser asesinado)… y la liberación fue *tan* radical que no pudieron ni siquiera asimilarla. El éxodo no sólo desplegó acontecimientos únicos nunca antes vistos sobre la faz de la tierra, sino que precedía a un plan de liberación integral. Tenía planeado para ellos por adelantado un plan de realojo y entregarles por fin «la tierra que prometió a sus padres» (una tierra disputada y envidiada hasta este minuto) y ser el Único Dios de ellos. Así que los hebreos tuvieron que orar y pedir, pero la respuesta tenía sus propios tiempos extraños y sus formas inverosímiles de manifestarse. Y, a pesar de la horrible espera y de la increíble salida de Egipto, la inmensa mayoría de los liberados rechazó la liberación de Dios, vomitaron Su respuesta…. y sus huesos acabaron postrados en el desierto. El llamado verdadero era desprenderse del Egipto que había en su corazón y no pudieron librarse de él.

Es decir, la gran tentación aquí es permitir que este ministerio, el ministerio de pedir (esta doble desnudez), interfiera con las formas y tiempos del Cielo. Pedir no siempre obtiene respuesta instantánea; a veces será un «sí», otras veces tendrás un «no»; en ocasiones será «silencio». Acuérdate de cuando pedías algo a tus padres terrenales y te respondían firmemente «no te voy a comprar eso»; entonces normalmente cejabas en el empeño porque te dejaban claro desde el principio que no lo juzgaban adecuado; conectabas con el diáfano ruido de la desaprobación, con el peso del *no*. Otras veces (las menos), te respondían positivamente «sí, aquí lo tienes». En ocasiones, su respuesta era «sí, ya lo tendrás» y tenías que esperar. Por último, si no decían nada sabías que había cierta posibilidad y dentro de este silencio podías incluso «insistir».

Bien, el Padre hace lo mismo con vuestras peticiones. El propósito de pedir no es que tu deseo se cumpla como quien frota la lámpara del genio, sino construir una confianza entre padre e hijo. El padre quiere dar al hijo lo que pide, pero muy por encima de esto desea que le conozca, que se forme su carácter y también madure. Para saber pedir hay que orar, y orar es conocerle, y conocerle es madurar. Así pues, el propósito de la petición cierra el círculo que inicia la oración y termina de construir puentes firmes de mutua confianza. El Padre Nuestro está tan lleno de conexión como de petición, pero primero la conexión.

Una pregunta recurrente que nos hacen muchos es esta: «¿Cómo saber si he pedido correctamente, si he pedido "en la voluntad de Dios", si me ha escuchado cuando no siento nada?». Cuando en el pedir no haya disonancia ni oigas ruido y tengas reposo y paz, has pedido correctamente. Lo sabrás porque es una paz extraña, como si el alma reposara entre algodones.

Prostituyen lo más bonito de tu creación,
corrompen lo más tierno y débil.

Como sabes, la etimología y significado de la palabra prostitución es «sacar a lugar público para ser exhibido lo que pertenece al ámbito privado». Proviene de los términos latinos *pro* y *statuere*. Requiere una posición de dominación y otra de sometimiento, una situación que siempre involucrará un pago, un intercambio de tiempo, esfuerzo, dedicación, dinero, identidad de grupo, el propio cuerpo… o incluso lo que los hombres llaman *amor*. Bajo la punta del iceberg de la prostitución palpita un asunto muy diferente, que es el que precisamente has tocado con tu denuncia. La raíz de toda suerte prostitución, sea voluntaria o forzosa, sea niño o adulto, conlleva un *abuso*, que es el uso ilícito del poder.

El uso espurio del poder es coetáneo a la naturaleza humana que arde por ser satisfecha «de alguna forma». Abusar de los más débiles, tomar lo más inocente y débil para satisfacerse a uno mismo, es la base de la inmensa mayoría de religiones y cosa tan antigua como el mundo. Si ponemos la lupa a nivel individual, es la gigantesca necesidad de amor, violenta por naturaleza, la que se manifiesta ejerciendo una posición de tiranía sobre el prójimo. El abuso mezcla dos ingredientes básicos que se ejercen desde la más tierna infancia: el ansia de amor y atención, y la tentación de ejercer poder ilegítimo. Se manifiesta en hombres y mujeres, en niños, jóvenes y viejos. No existe persona que no haya recurrido en algún momento a abusar de otro, de su confianza, de su inocencia, de su debilidad. Todos vosotros, de un grado u otro, habéis abusado de otros. En una conversación, pensamiento, acto o actitud. Hacer tu voluntad para satisfacerte pasando por encima de los demás, usándolos para tu beneficio personal... en la rueda interminable del abuso.

La punta del iceberg de esa mole montañosa, un pequeño fragmento del gigantesco poliedro, es lo que llamáis *prostitución*, que es el ser humano exhibiendo su cuerpo en la plaza pública mostrando lo que pertenece al ámbito privado, el único lugar donde puede gestionarse la insalvable necesidad de amor.

PROSTITUYEN SU ALMA EN PÚBLICO PORQUE NO HAN GESTIONADO SU HAMBRE DE AMOR EN PRIVADO.

El abuso de un semejante es una forma distorsionada de procurar una satisfacción interior; todo abuso esconde una desesperada búsqueda de identidad, de llenura, de trascendencia, de huir de los miedos... en definitiva, llenar la bolsa vacía y suplir la falta de *amor*. A veces tiene un componente sexual (la sexualidad como símbolo corporal del amor, su representación y válvula de escape), pero casi siempre involucra poder y control sobre otros más débiles. Porque sólo ejerciendo control sobre una persona se la puede convertir en un «objeto» al que poder forzar para que proporcione *amor*. El abusador abusa porque cree que controlar la voluntad de otro para satisfacerse por fin *satisfará*. En estos tiempos

100

finales, la rueda del abuso se está desplegando en toda su crudeza: marido contra esposa, y viceversa; hombre contra mujer, y viceversa; padre contra hijos, y viceversa; adultos contra niños, ¡y viceversa!; minorías contra mayorías, y viceversa. Colgáis mil etiquetas a un mismo mal: *bullying, violencia doméstica, violencia vicaria, violación, discriminación, racismo* y palabras semejantes para dar nombres rimbombantes y altisonantes a la simple falta de amor.

Es el «amor enfriado» de los últimos días, todos contra todos en la rueda del abuso más enloquecido.

Todo abuso tiene un mismo fin, que es procurar saciar la infinita sed de amor, que alguien te quiera y satisfaga; y como nunca el amor es satisfecho si no hay voluntad de amor por ambas partes de la ecuación (y, aún así, siempre es imperfecto), el abuso casi sin excepciones deviene en violencia. El niño, la mujer y el hombre abusados no satisfacen… y en el abuso queda implícito el daño. Violentar al prójimo hiriéndole el cuerpo, con insultos, con abandono, con desprecio, pagándole por un rato de compañía o directamente matándole porque no puede satisfacer la enorme necesidad de amor. El abuso no conoce fronteras, clases sociales, religión, edad o estado civil. Es un mal universal. La prostitución es un caso concreto del abuso exhibiendo lo íntimo para venderlo en una plaza pública, forzar el amor usando el sexo a cambio de bienes materiales. Sin embargo, no deja de ser una de las muchas manifestaciones de la eterna rueda del abuso de un corazón vacío de amor utilizando una posición de superioridad sobre el más débil. Por eso una prostituta puede *abusar* de su cliente más que el cliente de ella, porque es un mal universal que afecta a todos por igual aunque sea en distintas medidas.

Como es la violenta necesidad de amor lo que trae esta fuerza ilegítima, el insoslayable abuso desemboca en homicidio. Todo abuso implica «matar» al prójimo, aunque no sea físicamente. El abuso *mata* al abusador y al abusado. En vuestro apocalíptico mundo hay tal nivel de abuso que hasta el concepto de inocencia se ha convertido en una excusa para el abuso; los colectivos más proclives a sufrir abuso abusan con doble crueldad de la sociedad en su conjunto, ¡multiplicando setenta veces siete el daño que han recibido! La tierra se está llenando de violencia a niveles que no hemos visto ni en los días de Sodoma y Gomorra.

Así pues, todo converge en el amor. Os matáis unos a otros porque codiciáis amor con ardor, y no recibís amor porque no pedís lo único necesario.

Por supuesto. El mundo está construido sobre el abuso, sobre el uso ilegítimo del poder… J.R.R.Tolkien lo vio claro y lo plasmó en un «anillo de poder» para someter a los hombres; Michael Ende en su amuleto «Áuryn» que proporcionaba todos los deseos inimaginables; Umberto Eco en los «libros prohibidos» entre los muros de una abadía benedictina; y, por supuesto, hay un mundo «cristiano» ahí afuera funcionando bajo el mismo principio. Babel no era otra cosa que «construyamos una torre que llegue al cielo… para continuar y perpetuar nuestro abuso en el cielo». Sin temor de Dios, el mundo se convierte en una jauría de animales desesperados de amor que, cuando no es satisfecho, destroza todo cuanto está a su alcance para sobrevivir al hambre del amor siquiera un día más.

Juan en Patmos vio la solución:

Cuando se abusa de otra persona, hay una pelea contra el Corderito porque se abusa de una criatura a Su imagen buscando el amor en lugares erróneos. Pero el Corderito no puede ser vencido, ya no puede ser muerto porque *ha vencido a la muerte*. Fue entregado a la muerte incluso antes de que el cosmos existiera, pero la muerte no pudo retenerlo y no puede morir más. El Corderito nunca abusó cuando vivió entre vosotros, ni como niño ni como adulto. Nunca usó su poder para procurar el amor de nadie; siempre fue Corderito, siempre perteneció al Padre, siempre estuvo encerrado «en los negocios del Cielo». Procuraron abusar de él como todos habéis hecho alguna vez, pero nunca se entregó al abusador sino al Padre, así que nadie abusó de él. Sólo en sus últimos días soportó «el tiempo de los tinieblas» como una entrega al Padre: voluntariamente se entregó al abuso como sacrificio vivo. Allí le traicionasteis, le escupisteis, le disteis de puñetazos, le azotasteis hasta llegar al hueso; su propio pueblo le dio la espalda y lo entregó al resto del mundo, que se encargó de desnudarlo y de colgarlo de un trozo de madera con ayuda de unos clavos para que se asfixiara lentamente mientras se burlaban de él y de su Padre.

Pero el Corderito nunca abusó de nadie… nunca usó los poderes de su alma ni su sabiduría para conseguir absolutamente nada ni construir nada ni convencer a nadie. No utilizó jamás su fuerza y poder investidos para imponerse, conseguir seguidores ni éxito alguno. Jamás procuró ejercer control sobre nadie, nunca abusó de esa enorme autoridad que tenía. En ese Amor no había vanidad ni iniquidad.

Siempre sostuvo al débil, al menesteroso, al enfermo. Defendió al cobrador de impuestos y al pescador. Amó a una sucia prostituta; salvó a la adúltera pecadora; llevó la luz de su lámpara a una despreciable mujer samaritana; alabó a una viuda ignorada cuyas ofrendas, pensaban ellos, eran ridículas; al rico y envidiado hombre de negocios visitó; se rodeó de niños que el resto ahuyentaba; se relacionaba con igual destreza, maestría y gracia con el orgulloso fariseo que con el cruel gobernante y el humilde labriego. De su propia creación nunca abusó, fuera cosa creada o increada, ora siendo niño, ora siendo adulto. Siempre llamó a los hombres y los condujo a una elección en el valle de la decisión.

Era Corderito.

La pelea y el abuso siempre es contra el Corderito. Nadie en sus cabales pelea con un león a mano desnuda... sois demasiado cobardes como para eso. El conflicto del mundo es contra el Corderito, siempre contra el Corderito. Este Hombre es un León de fuerza inimaginable cuyo rugido hace trizas el ánimo de los corazones y cuyos ojos que todo lo ven queman el mundo; pero en su corazón hay un Corderito... y la guerra es contra *eso*, contra lo dulce que hay dentro del León Indomable, contra el Corderito manso, aquel que lo conquistó todo cuando llegó su hora de manifestarse al mundo..., incluida la muerte.

Por ello, la gran necesidad del hombre es el Santo Espíritu. De él emana el poder de Dios para vencer a todos los enemigos del hombre y la única medicina eficaz para saciar vuestras almas enfermas de amor. Es el vehículo del poder y del amor que tanto buscáis. Es el emisario del Amor, el perfecto amante. Su mera presencia es autoridad porque proviene de vuestro Dios, exaltado, perfeccionado y glorificado. En él no hay mentira porque es el Espíritu de la Verdad, proviene del Padre que es la fuente de todo, y da a conocer al Hijo que es el clamor del Padre y allí donde reposa la mirada del Padre. El Santo Espíritu lo discierne todo, nada del hombre o del demonio queda oculto a su visión. Reposa sobre el Corderito y lo toma todo de Él, y da a conocer al Corderito. El Espíritu Santo es el que limpia al hombre de sus malas obras y hace saber todas las cosas del Padre y del Hijo. Ahí está todo el amor que necesitáis, más que rebosante. Os enseña el Amor, os lleva al Amor y os transmite el Amor porque el Espíritu Santo es el Dios del Amor, es la Persona del Amor, es Dios-en-vosotros. No se limita sólo a ser «una de las tres manifestaciones con que Él se ha dado a conocer al mundo», sino Él Mismo. Del mismo modo que el Verbo fue la forma que Dios tomó (y toma) para ser siervo sufriente y cumplir su misión en tiempo y manera, el Espíritu es la forma que el Corderito ha elegido para operar y relacionarse desde la eternidad con el mundo y sus siervos los profetas. Es el hacedor de la obra, obrero y dueño de los bienes venideros.

EL SANTO ESPÍRITU ES LA LARGAMENTE IGNORADA Y TRISTEMENTE OLVIDADA SOLUCIÓN A VUESTRO MUNDO ENFERMO.

Es la única solución, tan sencilla y fácil como ancho y espacioso es el camino que lleva a la perdición. Contristarlo, ignorarlo o blasfemar de Él conlleva consecuencias. No atender a su voz es locura y sinrazón. Es la Voz del Pastor, y si la pierdes, si la ignoras, has perdido la belleza del horizonte y el timón que puede enderezar el rumbo de tu barquito terrenal y de tu transatlántico espiritual. Atiende a la voz del Pastor cuando te golpee el corazón y no la desprecies. Él nunca deja de hablar. Ahí, en la Voz tranquila y apacible pero firme y poderosa, hallarás al Santo Espíritu. Ambos son uno.

Con razón la gente se suicida, y aborta a sus hijos,
y la vida de la gente es tan miserable.

Con razón o sin ella, las personas se suicidan y abortan, y su vida es miserable. Hay muchas formas de suicidarse aparte de tirarse a las vías cuando pasa un tren, y muchas maneras de abortar aparte de interrumpir el ciclo de un feto. También hay muchas formas de tener una vida miserable... y sigo viendo que te centras en lo espectacular, gordo y ruidoso, descuidando lo pequeño y esencial.

Los individuos, familias, tribus, pueblos y naciones se embarcan en un suicidio personal y colectivo porque añaden a su pecado más pecado. Error sobre error y lágrima sobre lágrima, se «falla la diana» y «quebranta la perfecta ley». Todo cuanto el ser humano hace es quebrar la ley labrando sin remedio su propia muerte. Esta muerte no es la muerte que lleva a la vida que citaba al principio de mis cartas, sino una postración de la que no se puede salir. La condición de cada hombre, el pecado, es una muerte voluntaria y escogida, pero también inevitable porque nadie puede esquivarla. Todos pecan voluntariamente y al mismo tiempo nadie puede evitarlo.

Por ende, todo se reduce a la fe por cuanto solo la fe puede sacar al hombre de este callejón sin salida. La fe no sólo se limita a «creer en Dios». Todos tienen fe en esto o aquello... dinero, trabajo, educación, religión, política, personas, familia, tribu o bandera. Muchas fes existen, pero sólo una fe salva al ser humano. ¡Sólo una fe! ¿Y qué fe es esta que salva? Escribió un hombre que la conoció hace casi 2000 años en un pergamino en Oriente Medio a sus hermanos hebreos que la fe es...

LA CERTEZA DE LO QUE SE ESPERA, LA CONVICCIÓN DE LO QUE NO SE VE.

«Certeza» es la traducción a tu idioma del vocablo griego *jupóstasis*, y significa «aquello que se asienta debajo de algo y lo sostiene», una especie de fundamento que garantiza estabilidad. «Convicción» es *élenjos:* no una ciega seguridad personal, sino «una convicción que viene por la represión que ofrece la prueba».

Traducido en palabras sencillas... la fe es un suelo que puedes pisar con la garantía de que no va a hundirse y al mismo tiempo algo que te redarguye de que lo invisible existe al punto de que la propia fe (escucha bien esto) es la prueba misma de que lo invisible existe. La fe, pues, es algo ajeno (externo) al hombre que aterriza sobre el corazón del hombre para sustentarlo y enseñarle mediante conocimiento y disciplina (eso significa redargüir) que lo invisible es más real y sólido que lo tangible por los sentidos y que allí está la única salvación posible. Fe en que uno llamado Cristo —el Logos de Dios hecho carne— pagó la deuda impagable de cada uno de vosotros, los deudores. Fe en que este Cristo murió como reo de sustitución, único hombre perfecto que podía tomar el lugar que a todos les correspondía, tomando en sí mismo un castigo corporal ejemplar y muriendo como sacrificio vivo. Fe en que al tercer día de ser muerto, por ser hombre recto y de obras intachables, fue resucitado con el poder de perdonar pecados y hacer justos a quienes crean en su nombre. Fe en que no puede morir ya más porque Dios-Padre ha aceptado a este hombre magnífico «así como un cordero sin tacha y sin arruga». Fe en que este hombre es Dios.

Esta fe se ejercita… y crece.

Su naturaleza de crecimiento no es como la vuestra. No es grande ni vistosa, sino pequeña y a escondidas; de ahí que el Maestro la compare con una semilla de mostaza. La fe es una obra escondida que pasa inadvertida por el lugar donde se produce, que es la soledad de la intimidad del corazón. Como te dijo un sabio… «como nada, como menos que nada, como lo que no es». Fe es… reducción. Fe en que Cristo es el único hombre perfecto que puede hacer perfectos a otros hombres, el único con el poder de liberar al hombre de la trampa mortal del pecado y del veneno legislativo que os era contrario. Fe en que este hombre es perfecto y capaz de hacerlo todo perfecto porque ama de verdad y sin límites y cumple la perfecta ley mediante la virtud de un poder ignoto para el hombre natural, el poder inabarcable del amor perfecto. Fe en que este hombre se aloja en el corazón mediante un poder no humano, sino celestial; el poder del Espíritu, un poder sobrenatural que le permite vivir adentro del corazón cuidando de él. Allí viviendo, limpia y circuncida el corazón hasta las últimas consecuencias con una voz que limpia y circuncida sus maldades. Destruye los ídolos. Establece su reino. Una actividad completamente pasiva que no se gana ni obtiene por obras pero que se muestra precisamente *en* las obras, inimitables y únicas en su especie: amor, gozo, paz, paciencia, benignidad, bondad, fidelidad, mansedumbre, dominio propio. Obras que se adquieren y aprenden y ejercitan simplemente escuchando a quien es todas esas cosas por naturaleza en una *simbiosis* inefable. Si te rindes a la voz y entregas tu brazo, él te sitúa bajo el poder de su voz y la fuerza de su brazo. Renuncias a tu poder (eres oveja) y él te sostiene con su diestra (es pastor).

La incredulidad es, por tanto, una actividad voluntaria, meditada y reiterada. Te haces el sordo; mantienes el corazón con su prepucio protegiendo tu «carne»; engrosas tus oídos; usas tu fuerza y nunca la entregas. Un día y otro día y otro día. Una interminable rueda de condenación, frustración, fracaso y vuelta a empezar, protegiendo las obras de la carne frente al Espíritu. Así que el mundo está condenado por su incredulidad. Esta no consiste en decir «soy un pobre inocente descreído de un Dios invisible que no veo ni termina de gustarme aunque lo viera». La incredulidad es resistir al amor a pesar de las muchas muestras de este amor, incluso diarias. Es dureza sobre dureza. Por eso decía Juan que el que no cree ya ha sido condenado. El amor no tiene que «esforzarse» para condenar. Si haces oídos sordos al amor, vives en un suicidio permanente donde rige la muerte. Estás condenado sin vuelta de hoja. Por ello, que el *mundo* esté destinado para el fuego tiene más de «consecuencia» que de «castigo»; más de «devenir natural de los acontecimientos» que de «juicio». No es que no haya juicio, sino que actúa *orgánicamente*.

Hay dos caminos, no mil caminos. Un camino es estrecho y lleva a la vida en mil muertes verdaderas. Otro es ancho y espacioso y lleva a la muerte en mil vidas de artificio.

Se asesina a un nonato debido a la incapacidad personal para afrontar el regalo de la vida, aceptar y cuidar de otro ser humano hecho a tu propia imagen. El aborto es un vil asesinato que acaba cobardemente con un ser humano en su estado más frágil y débil, pero no es más que otra piedra más en el zapato en un camino suicida inexorable. El suicidio, por tanto, ni siquiera tiene la carga condenatoria que predica la religión. Manifiesta en lo exterior en una ocasión única y definida una realidad diaria interior reiterada e indefinida. Él no condena el suicidio exterior más de lo que condena el suicidio interior. El suicidio exterior es un *acto representativo:* el zapato está lleno de piedrecitas y la vida es extremadamente insoportable y miserable con ese pesado zapato lleno de piedrecitas; tanto, que te arrebatas a ti mismo lo más valioso que posees. Es parecido a la prostitución de la que hablábamos. Hay una externa y otra interna. Lo externo, la vanidad de los ojos y de la vida, no tiene apenas valor. El Cielo siempre apunta a lo interno, eso es lo que prima. No todos los suicidas se condenan ni todos los suicidas se salvan. Hemos visto en gozo perpetuo a suicidas que muchos condenarían y en el lago de fuego a otros suicidas que muchos salvarían.

El juicio pertenece al que está sentado en el trono. Él conoce a las almas.

No me extraña que ignoren tus palabras y que a los tuyos los acusen de chiflados iluminados, y los persigan y maten. Porque además la mayoría son una pandilla de hipócritas indeseables y unos mea-pilas insoportables.

Nadie puede ignorar las palabras. Pueden rechazarse o recibirse, pero no ignorarse.

Pero es bueno que hablemos de la religión porque es un tema sumamente interesante. Fijémonos en la única amonestación directa que ha quedado registrada por cristianos del primer siglo exponiendo un juicio sobre la religión:

EL ÚNICO ACTO, CEREMONIA O DISCIPLINA RELIGIOSA PURA Y SIN MÁCULA ANTE EL DIOS Y PADRE ES ESTA: VISITAR A LOS HUÉRFANOS Y A LAS VIUDAS EN SU AFLICCIÓN Y GUARDARSE SIN MANCHA DEL MUNDO.

Una visión de la religión sumamente acotada, si cabe aún más sorprendente porque el hombre que escribió esto fue educado en una de las religiones más regladas y restrictivas de la historia.

Y ahí no acababa su educación. Aparte de la religión con la que había crecido, estaba familiarizado con la pagana de Roma y las muchas otras que Israel conoció en su largo recorrido existencial en contacto con las otras naciones: dioses egipcios, babilónicos, filisteos, sirios, cananeos... y los suyos propios fruto del adulterio. Mil dioses. Así pues, cuando aquel hombre escribió que el único acto religioso recto ante Dios era visitar viudas y huérfanos y no contaminarse con el mundo, sabía de lo que estaba hablando. Excluyó a propósito de su definición de «religión» las mil cuestiones que conlleva la práctica de aquella en la que había sido educado. Podría haber añadido algo así como «visitad a los paganos en sus templos para predicarles» o «visitad a los judíos en sus sinagogas por si podéis convencerlos» o «visitad a los levitas que ministran en el templo de Jerusalén», pero optó por otra redacción. ¿Animaba acaso a los hermanos receptores de la carta a abrir una *Ong* que se dedicara a visitar a domicilio a viudas y huérfanos o un «consejo interreligioso de viudas y huérfanos anónimos»?

La viuda y huérfano según la mente de Dios son aquellos que se han divorciado y no se vuelven a casar ni dar en casamiento porque el Evangelio los convierte en viudas y huérfanos. Las viudas y huérfanos son quienes vienen a Jesús perdiendo su «matrimonio». Son los que pierden un vínculo carnal y entran en un vínculo espiritual, los que pierden aquello con lo que su corazón se ha casado (sea esto lo que sea) para comprometerse en un futuro matrimonio con Dios. Estos que llamamos «iglesia» son estas viudas y huérfanos a quienes les resulta necesario no mancharse del mundo, refrenar su lengua y «visitarse» unos a los otros. La única religión que pudiera sostenerse ante Dios: «visitar» a los hermanos, es decir, tener comunión para consolación mutua con aquellos de la misma naturaleza de *viuda y huérfano* y no mancharse con el mundo refrenando el poder engañoso de la lengua. Curioso que el concepto que el cielo tiene de la «religión» se intuya mejor cuando se tiene luz sobre el «mundo», y curioso que para tener luz sobre el «mundo» haya que examinarse del «amor».

El término *mundo* tiene una acepción «positiva» y otra «negativa». En su positiva, la creación, el cosmos, es una prueba directa de la existencia del Creador mediante el cual «da testimonio de sus atributos». Su vertiente negativa es la que estamos estudiando aquí, una «entidad» con una capacidad tan grande para ensuciar el alma del hombre que debe evitarse el contacto a toda costa. ¡No se puede tocar! Al no ser cosa física, la solución no pasa por alejarse físicamente del mundo o evitar tener contacto con los pecadores. El mundo es un principado espiritual que ejerce una suciedad interior. Como Santiago enseñó, *el mundo* tiene la capacidad de manchar al hombre y la única obligación del creyente es evitar esa mancha retrayendo el corazón de este ente espiritual. Así pues, las enseñanzas del Maestro acerca del mundo y su relación con el amor son diáfanas y esta relación debe ser iluminada si queremos saber por qué Dios no llama a los hombres a practicar una religión.

¿Y qué relación tiene el amor con el sucio mundo? Esta: que Dios ama al sucio mundo… y lo hace porque es Dios y sólo *Dios* puede hacer tal cosa sin ensuciarse. Ni hombre ni ángel han sido llamados a ese ministerio. Las ovejas no han sido llamadas a cargar con este imposible; su negocio respecto al amor tiene a Dios como único destino. Sólo a Él se aplica todo el corazón (el centro de la voluntad), todo el alma (los ánimos y sentimientos) y toda la mente (el intelecto). La oveja debe dedicarse a «amar a Dios con todo su ser» y, después, «al prójimo como a sí mismo»; pero se añade a modo de advertencia que «no se puede amar al mundo ni nada que le pertenezca». Este mismo Dios que ama al mundo y viene para rescatar a sus ovejas de las garras de este mismo mundo ordena tajantemente a la oveja que «no ame al mundo ni lo que hay en el mundo». Quizás me protestarás: «¿Cómo es posible esta contradicción? ¿Acaso no se debe amar al prójimo que está en el mundo? ¿Acaso no amó Dios a prójimos perdidos que pertenecían al mundo?».

Dice vuestro sabio refrán que «el diablo está en los detalles». Una persona preguntó a Jesús quién era su prójimo y él propuso una parábola: el prójimo a quien debes amar «como a ti mismo» es aquel a quien el Samaritano hace misericordia, pero no cualquier misericordia; debe ser «exactamente igual» a la que hace el Samaritano, siguiendo un *canon* específico.

Ilustra la parábola que ni el sacerdote ni el levita pudieron «amar al prójimo». Las autoridades de la religión más selecta que haya conocido el mundo eran incapaces de amar al prójimo; no podían sanar el alma del prójimo apaleado por el mundo ni apiadarse de ella, mucho menos «amarla». Amar al prójimo tal y como Él prescribe es un cuidado, sanidad y descanso del alma en la «posada» bajo los cuidados del «posadero» debidamente pagados por el Samaritano, y la religión no tiene parte ni suerte en esto porque es incapaz siquiera de acertar a identificarse con el prójimo ni cargar con él hasta la «posada» y menos aún «pagar la cuenta». Por ello, a lo máximo que puede aspirar una oveja en relación con el mundo es dejar a Cristo ministrar tal y como sólo Él puede hacerlo, una especie de «cuidado bajo el ministerio del Samaritano». Una profunda obra de la Deidad donde aparece Cristo (el Samaritano), el Espíritu (el Posadero) y el Padre (el que envía a los anteriores). Si el Samaritano no está involucrado, el prójimo muere sin auxilio. Si el Santo Espíritu no está en la ecuación, no hay nada que hacer con sus heridas. Y si el Padre no lleva las riendas del asunto, olvídate del amor.

Cristo es el único amor verdadero que verdaderamente ama al mundo… y el milagro es que *nada* del mundo hay en Él. Ni un gramo, gota o pelusa. Absolutamente nada. ¿Puedes imaginar a semejante hombre que ama con pureza pero no se deje chantajear ni ensuciar por el objeto de su amor? El Samaritano no pide a sus ovejas que amen al mundo por el simple hecho de que el mundo es *demasiado peligroso* para la débil e ignorante oveja. El amor de la oveja tiene como destino exclusivo la Fuente del Amor y aquellos auxiliados por la Fuente del Amor; no se le pide más ni por asomo se pretende que lo haga.

¿Por qué tenemos que hablar de todo esto antes de entrar en la religión? Porque ahora entenderás mucho mejor la falsedad involucrada, la inmensa carga que arrastra lo religioso, particularmente la *cristiana*. Tu crítica general de la religión es una denuncia inconsciente porque sabes que el mensaje no encaja en los hechos. ¿Qué estás viendo cuando dices «religión»? Ves el fracaso del mundo luchando por alcanzar a Dios en un vano esfuerzo cuyo fruto es hipocresía y santurronería en el mejor de los casos; es decir, una falsedad palpable. Es el fracaso del amor ¡y no puede ser de otro modo! La religión es el mundo haciéndose pasar por Dios por medios ilegítimos *creando* dioses y gigantes de reemplazo con las ideas del mundo, usando sus resortes, sus recursos… su mente. El mundo es en realidad «la forma de pensar del mundo», y la religión es «el mundo ideando el paraíso, su propia salvación».

La primera misión del mundo, su primera idea global, fue «construir una ciudad y una torre que representaran los cielos y hacerse un nombre». Es decir, un dios. El propósito era doble: (1) hacer una imagen del cielo sobre la tierra a través de una ciudad y (2) penetrar el cielo con las ideas de la mente humana a través de una torre, y todo ello «para tener un dios». A las huestes angélicas Babel-Babilonia no nos sorprendió. Sabíamos que era un deseo innato en vosotros porque el Creador a cuya imagen estáis hechos tenía ese plan desde el principio. Hay un plan resonando en todos vosotros, este plan de que un hombre lo conquistaría todo para poder traer el cielo sobre la tierra. Así que el hombre intenta cumplir el plan por sí mismo... sin reconocer la mente y poder de Dios. Muchos leen y creen que aquella torre y ciudad literal de ladrillos y argamasa eran un bonito plan arquitectónico allá en una meseta de Mesopotamia, pero Babel-Babilonia fue la primera religión global, un intento de derrocar a Dios con la mente humana para plasmarlo en la tierra por sus propios medios y esfuerzos.

Por eso te hablé antes del mundo; la religión es la mente del mundo aplicada a las cosas del cielo para hacer lo invisible palpable y lo inaccesible cercano a través de la voluntad y las potencias del alma humana. Curiosamente, Dios nunca tuvo problemas con dar al pueblo hebreo una visión del cielo para que lo representara sobre la tierra usando materiales de la tierra. Oro, plata, bronce, pieles de animales y madera con los que forjar utensilios, altares y muebles para el uso de sacerdotes siguiendo el modelo de la visión de un templo celestial. Rituales, fiestas y figuras. Pero cuando llegó el momento de manifestarse el cielo sobre la tierra en la persona de su Majestad, el pueblo que había recibido esos símbolos de lo celestial se negó a abandonarlos y recibir la Realidad de la que emanaban los símbolos. Después, tras ser alzado, tuvo que enviar un ejército literal para destruir y quemar los símbolos terrenales y esparcir a ese religioso pueblo a los cuatro vientos de la tierra. El religioso pueblo y las religiosas autoridades que custodiaban los textos que hablaban de su Mesías no reconocieron el tiempo de la visitación ¡porque se negaron a renunciar a su Babel! En su dureza de corazón, edificaron sobre las cosas santas añadiendo sus doctrinas a conveniencia de hombres que, pretendiendo escudarse y sustentarse en los usos externos, negaron la efectividad de los símbolos heredados. Dios nunca pretendió darles una religión a los hebreos; en su dureza de corazón fueron ellos quienes añadieron y quitaron conforme a la mente del mundo. El religioso fue incapaz de aceptar y reconocer a su Dios porque el rugido era demasiado fuerte e insoportable. Se negaron a perder lo palpable. Cuando oyeron al Dios-Mesías, vieron en peligro la continuidad de su ciudad y su torre.

Así que Babel-Babilonia se perpetúa buscando la aprobación y representación del cielo usando la energía, inteligencia y tenacidad humanas. No a través de la santidad y pureza que Dios exige, sino a través de las ideas —es decir, las obras— de la mente entenebrecida y profundamente desobediente del ser humano. Por eso Dios confunde la lengua de los constructores; divide el esfuerzo en facciones, cada una con su *lengua*. Juan, el apóstol del amor, vio en su visión a Babilonia como «GRAN CIUDAD FUERTE, MADRE DE RAMERAS Y HABITACIÓN DE DEMONIOS». Vio a una madre, no a muchas madres; pero las muchas hijas rameras sirven a una imagen común, se integran y sirven a su madre la Gran Babilonia.

BABEL-BABILONIA ES UNA CIUDAD ESPIRITUAL INSEMINADA POR SATANÁS QUE ENGENDRA ALMAS A SU IMAGEN.

Las ciudades humanas son lugares de muchedumbres, de comercio, de prosperidad, de «crecimiento y progreso humanos», de muchos hombres remando juntos. Traslada este concepto a un *principado espiritual*, una gran ciudad fuerte donde la muchedumbre hace una imagen del cielo y la llena de comercio *carnal* que se hace pasar por *espiritual*, adulterando y fornicando, falsificando lo auténtico a base de engaño con un cóctel de soluciones mundanas para intentar cubrir la enorme necesidad que el hombre tiene de Dios. En Babel-Babilonia no sólo se integran las religiones que predican una deidad «arriba en el cielo», sino las que pretenden ser «deidad abajo en la tierra». Religión y poder es un matrimonio indisoluble.

¿Poder y religión? ¡Por supuesto! Las estructuras políticas quedan integradas en esta ciudad porque cualquier hombre con poder que no honre a Dios termina erigiendo una imagen de sí mismo, una enorme estatua a la que ofrecer libación y adoración. ¿Dónde está Babel-Babilonia? ¡En todas partes y lugares! Es una constante en el corazón humano y en vuestra historia, en todo lugar y tiempo. El director de un colegio, el pastor de una iglesia, el alcalde de un pueblecito, el dueño de una pequeña empresa, el Faraón de Egipto o un simple padre de familia. Sin importar la fachada, el poder sin someter a Dios conlleva un culto religioso. El hombre con poder y sin amor a Dios exigirá *adoración*, creará su propia *ciudad* y dirá que es dios. Oh, sí, claro que lo hará.

Volviendo a las religiones, ciertamente las hay más violentas e impositivas que otras; algunas ofrecen cierta libertad de conciencia y la mayoría predica una medida de paz. Hay tantas religiones como ideas, pero fíjate cómo todas levantan una «ciudad» en torno a ella, siguen los principios de su madre «Babilonia, gran ciudad fuerte». Pondré tres ejemplos contemporáneos a ti de algunas hijas de esta gran ramera.

- Este concepto que llamáis *comunismo* es una religión seguida por fanáticos que sigue destruyendo países, matando y robando a los hombres y persiguiendo a los hijos del cielo; un falso Cristo con sacerdotes, ritos, figuras, utensilios y templos; una «deidad abajo en la tierra» que, curiosamente, es una imitación de lo que sucedió durante los primeros años de la iglesia primitiva entre judíos que vivían en Jerusalén. Es un poder religioso que ha usado el poder político para extenderse.

- El *islamismo*, aguas amargas que en realidad nadie puede beber —ni siquiera ellos mismos—, un manantial de odio que, cuando no ataca al resto del mundo, pelea hasta con sus correligionarios. Una religión que bendice la pederastia, la esclavitud de la mujer y el pecado que te venga en gana en nombre de la «Guerra Santa» para conquistar el mundo entero.

- Mi último ejemplo es más cercano a ti, esta cosa llamada *cristianismo*. Totalmente infiltrada por las ideas del mundo, ufanos ellos, también han construido una ciudad y una torre «para hacerse un nombre» y llenarla de sus ideas. Parte de esta estructura se activó plenamente (aunque ya estaba activa antes) cuando el Imperio Romano asimiló el cristianismo como religión oficial, pero la tentación siempre estuvo allí... Dios lo sabe, y así juzga confundiendo la lengua de Babel para división y confusión, y el *cristianismo oficioso* no ha sido excepción, antesala de un despojo futuro absoluto cuando caerá para no volverse a levantar.

La religión introduce al hombre en una cárcel, lo sujeta al temor de los hombres, le impide crecer, amar y honrar a Dios, predica que «hay que ser un buen samaritano» y (locura) lo intenta con sus propias fuerzas. Es la historia de los hombres. En vuestro mundo moderno ha creado su propio lenguaje: *solidaridad social, tolerancia infinita y defensa de causas imposibles*, es decir, se justifica en sus propias obras mientras destierra al Espíritu Santo y dispone un nuevo Evangelio. La religión adora a la bestia y tiene su signo en su mente y en sus obras; los apóstoles ya lo vieron en sus días y advirtieron a los hermanos sobre ello.

LOBOS DISFRAZADOS DE OVEJAS QUE TRAE-
RÁN DOCTRINAS DESTRUCTORAS Y QUE NO TEN-
DRÁN MISERICORDIA DEL REBAÑO.

Todas las religiones convergen y tienen una causa común: luchan contra la sencillez y soledad del Corderito, contra la vida espiritual del *pobre de espíritu*, y lo hacen con cierto orgullo y dedicación. Dime un alma que haya brillado con la luz de Jesús, que haya sido alcanzada por esa luz inconfundible que le introduce en la más absoluta pérdida y pobreza, y te diré un alma que sufrirá la incomprensión y persecución de Babel-Babilonia. La ciudad fuerte y grande es la fuerza del hombre para llegar al cielo y traerlo sobre la tierra erigido sobre su propia voluntad e ideas:

LA RELIGIÓN ES DIOS SIN DIOS.

Y Babel-Babilonia nos lleva a hablar de ti. Todo hombre y mujer ha nacido en esa ciudad y ha participado activamente de ella; es el corazón humano el que ha construido Babel-Babilonia y esculpido sus héroes en las profundas cavernas del ser humano. Nadie puede escapar de esta gran ramera excepto a través del poder del Evangelio, y por ello se hace imperativo obedecer a la Voz que clama:

SALID DE EN MEDIO DE ELLA, PUEBLO MÍO.

Parece que nada te importa y que has abandonado
este mundo a su triste suerte.
Ni estás ni se te espera, ¿lo sabías? (…)
Este mundo es una pocilga, y lo tuyo es un fracaso
hasta para los que creen en ti. Es un fraude.
Mira lo que queda del mensaje que encendiste hace
2000 años. ¡Mira los rescoldos! ¡No queda nada!
Y encima, esta maldita pandemia…

Esta será la última carta que me han permitido escribir, y hasta cierto punto me pesa porque estoy disfrutando estas locuciones.

Estando Cristo presente en toda situación y lugar, resulta del todo imposible que su mensaje haya disminuido o sea menos necesario o relevante hace 3 minutos o hace 3.000 años. No obstante, cierto es que estáis viviendo tiempos peligrosos y engañosos y se hace necesario hablar de ello.

El enemigo ha desarrollado un plan que ha ido desenvolviéndose durante milenios y que los profetas del Altísimo desencriptaron desde antiguo describiéndolo de distintas maneras pero apuntando exactamente a lo mismo: «Abominación desoladora», «gran tribulación», «hombre inicuo».

Profetizaron acerca de una manifestación de la iniquidad que se mostraría en su todo esplendor en el cumplimiento de los tiempos.

Los conversos del siglo primero se consideraban vecinos de estos «tiempos» y ya hablaban de este misterio contemporáneo a su propio tiempo; también sabían que estos tiempos tenían distintas etapas, que ellos no estaban viviendo la última y, además, que solamente contemplaban la forma del embrión. Describieron este misterio escondido como «hombre malvado» o «anticristo» opuesto en todo al orden y soberanía divinos, un *corpus satánico* dispuesto sobre una alfombra con forma de «espíritu de anarquía». Pablo de Tarso escribió sobre ello a los creyentes tesalonicenses como «una rebelión contra el concepto de autoridad».

¿HAS SENTIDO ESTE ESPÍRITU GRADUALMENTE TOMAR PARTE DE TU NACIÓN, POR ENCIMA DE TI Y ALREDEDOR DE TI, FLOTANDO EN EL AIRE?

Este «hombre inicuo» se exaltará por encima de todo (particularmente por encima de Dios, exigiendo ser adorado como Dios), alardeará de un poder que será engañoso y operará con enorme seducción. Pablo mismo explica que se estructurará en una «fuerza engañosa que miente» (es decir, se basa en mentiras) y, atención a esto, «que Dios mismo está enviando al mundo para que los que amaron la mentira más que la verdad se sumerjan en la mentira que han decidido creer».

La inmensa mayoría cree que se tratará de un ser humano con superpoderes fácilmente identificable que vendrá en el futuro a gobernar el mundo y otros tantos creen que es el papado o algún líder religioso. Sin embargo, Pablo nunca incurrió en semejantes desatinos ni dio a entender que este misterio se revelaría en un único ser humano. Es un espíritu, una fuerza, y el mundo entero está ya bajo este espíritu de engaño que es el espíritu del anticristo; es decir, un espíritu que se opone a Cristo disfrazándose de Cristo (de solución salvífica), negándose a confesar a Cristo y que en los últimos tiempos se mostraría más fuerte que nunca. Juan, el discípulo amado, explicó en sus breves cartas que era un espíritu que en su época ya había salido por el mundo en forma de muchos anticristos que negaban al Padre y al Hijo que el Padre envió al mundo.

Es un ente espiritual en acción, *energizado*.

En cada región del mundo y en cada tiempo ha tomado formas diferentes, pero habría de experimentar un último empuje en los «últimos tiempos», tiempos de tanta angustia y tribulación «como nunca antes los ha habido ni los habrá». Esperar que un hombre de carne y hueso escenifique al «anticristo» es tan absurdo como creer que el «anticristo» no tiene agentes de carne y hueso. ¡Claro que los tiene! En el mundo musulmán toma una forma, en China, Occidente o Madagascar otra. Sin embargo, antes de revelarse Cristo en su gloria debe desplegarse este misterio, este poder engañoso contrario a Cristo. Este «anticristo» habla su propia falsa profecía —es decir, *profiere* sus oráculos— y no obedece a ley alguna excepto a sí mismo. Por supuesto que está en las «élites del mundo», pero también opera a pie de calle en medio de las «gentes sencillas» porque es ubicuo. El misterio del *hombre de anarquía* tiene muchas formas de manifestarse a través de sus actores, aunque su cualidad fundamental es oponerse a «Israel». Sus obras canalizan un odio visceral hacia el pueblo hebreo y también se opone al pueblo espiritual, los que guardan el testimonio de Jesús. Este espíritu procura la destrucción y el mayor daño posible a estas dos naciones, el

Israel espiritual y la pequeña nación del Israel natural. Lo permea todo; intenta asfixiarlo todo; «envenena el aire».

Por tanto, la agenda satánica sobre la tierra consiste en una revelación progresiva del *anticristo* y se está imponiendo en medio de dolores de parto, la agonía que marca la pronta venida de Jesús. Particularmente en Europa y el continente americano este espíritu está mostrando su verdadera cara: su oposición al concepto de autoridad —en la familia y fuera de ella— alcanzando cotas obscenas a todos los niveles. Es una degradación absoluta y definitiva no sólo de las «costumbres morales» sino del mismo concepto de bien y mal, al punto de que llama a lo malo bueno y a lo bueno malo, castigando el bien y protegiendo el mal. Se ha manifestado en muchos frentes: el ataque a la familia, la supuesta defensa de la mujer como medio para atacar al varón, la deificación de las «minorías», la defensa irracional de depravados, la prohibición a los padres a educar a sus hijos conforme a sus principios, la corrupción de los menores, la exaltación de los enfermos y endemoniados para que mantengan su status quo de maldad y esta se multiplique, el culto a la madre tierra, el endiosamiento de la violencia generalizada. «Como en los días de Noé», no hay lugar ni concepto sin corromper. Mucha maldad y violencia… multiplicada.

Y esta es la esperanza y refugio: que hay un grupo de rebeldes revolucionarios que se opone al anticristo en la tierra, una criatura cuyo nombre ha sido abusado y ensuciado por Satanás, un nombre tan odiado y perseguido como imitado y falsificado. Reflejo de Cristo en este cosmos, luna extraordinaria y antítesis del anticristo, es el único grupo de seres humanos unidos por un vínculo inquebrantable y perfecto a través de un amor que no pertenece al mundo ni el mundo ha recibido, que es el amor a la verdad. No mantiene su unidad basándose en fuerza, idea o emoción humana ni es una estructura con capital social en tal o cual lugar, sino que obtiene su salvación de la fortaleza divina y su unidad de la mente celestial. Por tanto, no se debe a nada ni a nadie excepto a la verdad. Su doctrina es la que el Espíritu Santo imprime en el corazón de sus miembros, su presente consiste en buscar aceite para sus lámparas y su futuro es tener esa lámpara del corazón encendida. Está fraguada en la más estricta soledad del desierto, donde es sustentada en los muchos que son uno y en el uno que son muchos. El mundo no es digno de esta *ekklesia*, que no significa otra cosa que «aquellos que se reúnen en torno a Dios», una comunidad viva, un concilio de hermanos unidos por sangre extraterrestre y amor eterno.

Para terminar esta carta, seré sumamente práctico y breve porque esta es la pregunta que brotará en tu corazón cuando la cierres: «Si creo en Cristo, ¿cómo he de vivir estos días?».

Desde antiguo, tres cosas persiguen a los miembros de esta ekklesia, y por tres cosas son sustentados. De tres cosas participan y a tres se resume su existencia. Aunque no hay tiempo para ahondar en ellas, las expondré sucintamente, si bien algunas implicaciones ya las hemos comentado en cartas anteriores.

En primer lugar, la ekklesia co-participa de la **tribulación**, a su vez manifestada en tres niveles progresivos: ignorados, aborrecidos y perseguidos. No todos los hijos del Reino son perseguidos —encerrados, torturados o asesinados—, pero la inmensa mayoría son odiados y los pocos que no lo son procuran ser ignorados, apartados y olvidados como si nunca hubieran existido. La ekklesia es un ofensivo testimonio que el mundo no quiere tocar ni con plumero, un hueso *demasiado* duro para roerlo su conciencia. ¿Y cómo se puede co-participar de la tribulación y sobrevivir? ¡Siendo pequeño! La tribulación se sostiene en la humildad. Aunque hay muchas formas de describirla te daré una: «no despreciar las cosas pequeñas hasta el punto de estar contento con ellas». Como el propósito de la tribulación es precisamente atribular al creyente hasta el punto de convertirlo en polvo (aplastarle por todos los medios posibles para que apostate), la humildad es el perfecto contraveneno. Lo que más detesta el enemigo es precisamente este antídoto, un destino al principio amargo pero después muy querido cuando el alma se acostumbra a lo pequeño. El amor por lo pequeño se alcanza mediante la muerte de la que hemos hablado largamente en cartas anteriores, el poder de la cruz que es el triunfo de la humildad. La *muerte* conseguirá lo aparentemente imposible en ti: empequeñecerte para que no sólo no desprecies ser despreciado sino que llegues a apreciarlo. Cuando aprecias el desprecio, cuando «ser nada, menos que nada y como lo que no es» es querido para ti, entonces nada te puede dañar. La tribulación que la Vida envía a tu vida pasa de ser una carga insufrible y se convierte en aliada. Sin lugar a dudas, la tribulación duele, nunca estará exenta de cierto dolor, pero la humildad la convierte en una especie de compañera de viaje.

En segundo lugar, la ekklesia co-participa del misterio del **reino**, y esto quiere decir que vive bajo la cubierta del Santo Espíritu, bajo su protección e inspiración. La ekklesia nada puede hacer por sí misma. No puede protegerse del mal, pero tampoco puede alimentarse de cualquier cosa. Sólo puede sustentarse de lo que proviene de la boca de Dios. Cuando veas los planes y las ideas del hombre en ebullición, cuando veas a aquellos que dicen amar a Cristo procurando «imitar al mundo para alcanzar el mundo», no habrá Reino ni experiencia de Reino. Tendrás mundo y experiencia de mundo pero no Espíritu Santo ni experiencia del Espíritu

Santo. Así pues, ¿cómo pueden los hijos del reino co-participar del reino? Mediante la santidad. El concepto popular de santidad como pureza de espíritu, alma y cuerpo es correcto… pero no es sino el resultado de la uva prensada y macerada, el alcohol que se destila en el alambique. «¿Qué es el alambique y quién es el destilador?», te oigo decir. Lo que purifica es la mente de Dios, sus palabras, dichos y oráculos entregados a través de Jesucristo. No sólo necesitas oír la palabra de Dios, sino que debe provenir de la boca del Ministrador, del Señor Jesucristo. Así, uno no «lee la Biblia», sino que es atravesado por las palabras del PadreDios hablando al corazón humano a través de la Boca del CristoDios a través del poder del EspírituDios. Si de verdad lees sus palabras, vives una experiencia, no una lectura. Anhela la experiencia o estarás leyendo letras sin recibir su poder.

Es la imposibilidad de esta palabra (la montaña que nadie puede escalar, el plan que nadie puede llevar a cumplimiento sino Dios) lo que te purificará. ¡La santidad es tu imposibilidad, tu incapacidad, tu fracaso! Y sin santidad «no se puede ver a Dios» y, por tanto, no se puede participar del Rey ni de su Reino. Participar del Reino es participar primeramente de la santidad de Dios acudiendo a la misma ecuación del punto anterior: la disciplina de la cruz. El Santo Espíritu trae la cruz una y otra vez, te mata a ti y a tus ideas, te hace fracasar incansablemente y te da a Jesucristo y las ideas de Dios.

La relación de la *ekklesia* con el Espíritu Santo es enorme, tan grande que en los reinos espirituales son intercambiables. ¿Nunca has tenido esta experiencia? La ekklesia, la esposa, es «templo del Espíritu», y esto significa que el Espíritu busca un lugar donde reposar y la Esposa es ese lugar, su «hogar». Por eso ambos forman un «desposorio espiritual», como si el Esposo se hubiera ido a un largo viaje y hubiera encargado a Su Espíritu que preparara a Su Novia para su vuelta: entrenándola, lavándola, perfumándola. El Espíritu Santo son unas arras matrimoniales, la presencia invisible del Esposo presente y ausente al mismo tiempo que preparan a la Esposa en una soledad que traerá una compañía consumada inquebrantable, una compañía que no cansará ni aburrirá. Un matrimonio permanente y el único que permanecerá. Todo cuanto el Espíritu Santo ha hecho con la ekklesia durante siglos, todos aquellos hombres y mujeres disciplinados y enseñados por el dedo de Dios, tiene un propósito eterno, un significado encerrado en sellos que se revelarán y permanecerán. El mundo ignora y persigue a la iglesia, pero el mundo es efímero y su daño no perdura. En cambio, la Esposa y el resultado de su preparación es asunto permanente. Esto debería consolarte en gran manera.

Por último, la ekklesia co-participa de la **perseverancia**, «guardar los mandamientos de Dios y la fe de Jesús hasta el fin», y el que persevera lo hace mediante cautiverio y muerte. Cautivos del Evangelio y muertos como consecuencia de ello, pues la muerte es el «efecto colateral» de quien está cautivo de la Cruz. El que está en Cristo muere y sus obras mueren, pero no como el resto de hombres, sino como Él murió. Bautizados en esa misma muerte. Los amigos de Cristo son imágenes de Lázaro: el Señor espera a que hiedan antes de aplicar la vida de resurrección; y esto, precepto sobre precepto. La perseverancia es la pérdida de uno mismo en Dios, el verdadero premio de los santos, el honor y la intimidad con el Esposo. Volveré a hacerlo práctico. ¿Cómo co-participa el hijo de Dios de esta perseverancia y echa mano de ella? La práctica de la perseverancia es la oración. Por eso dice «orad sin cesar», que es otra forma de decir «perseverad sometidos a Dios, identificados con su muerte». Se persevera en Dios mediante la oración, ¡cautiverio y muerte! Los primeros cristianos no consideraban la oración como una repetición mental de una serie de palabras, y por supuesto no se limitaba a la petición. Si consideras que orar es pedir o repetir retahílas, acabarás falto. La oración es identificarte con Él en calidad de prisionero. Se persevera orando y el que ora persevera, una unión mística donde «mística» es descubrir el *misterio* en tanto tú mismo eres descubierto. Amarlo, descubrirlo, ser hallado en la misma medida en que hallas.

Te abandono temporalmente, querido Alberto, entregándote estos tres sencillos secretos que los hermanos legaron durante milenios a los demás hermanos: **sufrimiento** soportable por la humildad, **reino** que es la capa protectora santificadora del Santo Espíritu y **perseverancia** que es la intimidad de la oración. Quiera el Maestro que así seas hallado y enseñado hasta su pronta venida.

Te saludan los ángeles de esta Facultad.

Maran-atha.

PUEDES VISITARNOS EN:

WWW.MARRONYAZUL.COM

—Libros imperecederos.

—Contenido libre, sano y radical.

—Descarga gratuita.